C.H.BECK WISSEN

Ulrich Rudolph skizziert in diesem Buch konzise und anschaulich die Geschichte der Philosophie in der islamischen Welt. Die Darstellung beginnt mit dem Prozess der griechisch-arabischen Übersetzungen und konzentriert sich dann auf die maßgeblichen, zum Teil auch in Europa gelesenen Autoren (Avicenna, Averroes u. a.). Spätere Entwicklungen (Osmanisches Reich, Iran in der Neuzeit) kommen ebenfalls zur Sprache. Ein Blick auf die gegenwärtigen Tendenzen rundet den Band ab.

Ulrich Rudolph, geb. 1957, ist Professor für Islamwissenschaft an der Universität Zürich. Zur Zeit arbeitet er an der Edition eines vierbändigen Werkes über die Geschichte der Philosophie in der islamischen Welt. Band 1, in dem die Entwicklung vom 8. bis zum 10. Jahrhundert dargestellt wird, ist 2012 auf Deutsch und 2017 in englischer Übersetzung erschienen.

Ulrich Rudolph

ISLAMISCHE PHILOSOPHIE

Von den Anfängen bis zur Gegenwart

Verlag C.H.Beck

1. Auflage. 2004
2., durchgesehene Auflage. 2008
3., durchgesehene und erweiterte Auflage. 2013

4. Auflage. 2018

Originalausgabe

Satz, Druck und Bindung: Druckerei C.H.Beck, Nördlingen
Umschlagbild: «Der Schreiber» aus den «Schriften der Lauteren Brüder», Detail der rechten Titelblattseite, Bagdad 1287. Istanbul, Bibliothek der Süleymaniye-Moschee, Esad Efendi 3638, folio 3v
Umschlagentwurf: Uwe Göbel, München
Printed in Germany
ISBN 978 3 406 72644 6

www.chbeck.de

Inhalt

Vorwort

Wer heutzutage von der islamischen Welt spricht, verbindet mit ihr meistens rückwärts gewandte Tendenzen. Schriftgläubigkeit und Obskurantismus sind die Schlagworte der Stunde. Für Rationalität oder gar Philosophie scheint in diesem Bild kein Platz zu sein. Gleichwohl ist es unbestreitbar, dass dieselbe Welt noch vor nicht allzu langer Zeit ganz anders wahrgenommen wurde. Da war häufig von Kultur, von Philosophie, von Avicenna und Averroes die Rede: mithin von einer Tradition, die nur als Entfaltung höchster Rationalität verständlich ist.

Sie aufzugreifen und ihre Entwicklung zu skizzieren, ist das Ziel dieses Buches. Das mag als Plan überschaubar klingen, ist in der Durchführung aber keineswegs einfach. Denn wir verfügen zwar inzwischen über eine Vielzahl von aufschlussreichen Studien zu einzelnen Themen und einzelnen philosophischen Gelehrten. Aber von einem Gesamtbild, das sich mit unseren Kenntnissen über die griechische oder über die neuzeitliche europäische Philosophie vergleichen ließe, sind wir noch weit entfernt.

Ein Grund für diesen Mangel liegt wohl in den Besonderheiten der Forschungsgeschichte. Sie war lange Zeit dadurch gekennzeichnet, dass man die islamische Philosophie nicht als einen Gegenstand von eigenem Interesse wahrnahm. Als wichtig galt vielmehr der Beitrag, den die Muslime für die europäische Geistesgeschichte geleistet hatten. Hier wurde ihnen eine Brückenfunktion zugesprochen. Denn schließlich waren sie es, die das antike Erbe durch die griechisch-arabischen Übersetzungen (ab dem 8. Jh.) bewahrt hatten und später an das lateinische Mittelalter weitergaben (vor allem im 13. Jh.). Diese Perspektive bestimmte das Forschungsinteresse bis in die Mitte des 20. Jahrhunderts. Es konzentrierte sich folglich auf den Zeitraum (9.–12. Jh.) und auf die muslimischen Denker

(Kindî, Fârâbî, Avicenna und Averroes), von denen man sich Aufschlüsse über das europäische Mittelalter versprach. Was danach in der islamischen Welt geschah, war – so gesehen – irrelevant. Also fand es auch kein wissenschaftliches Interesse. Viele Forscher vertraten sogar die Ansicht, dass es vom 13. Jahrhundert an (wegen der Rückeroberung Spaniens durch die Christen und/oder wegen der kritischen Äußerungen Ghazâlîs) gar keine Philosophie mehr im islamischen Kulturkreis gegeben habe.

Diese Auffassung wurde seit der Mitte des 20. Jahrhunderts zunehmend erschüttert. Federführend war dabei Henry Corbin, der eine völlige Umwertung der Geschichte der islamischen Philosophie vornahm. Sie betraf vor allem die Zeit nach 1200. In ihr sah er keineswegs die Zeichen eines Niedergangs oder eines Endes. Im Gegenteil: Für ihn war dies die Epoche, in der sich die islamischen Autoren endlich auf ihre eigentliche Bestimmung besannen. Jetzt hätten sie sich nämlich von den Fesseln eines griechisch geprägten Denkens befreit und andere, ihren Zielen angemessenere Konzepte aufgenommen. Damit meinte Corbin, dass sich die Philosophie zu einer Weisheitslehre entwickelt habe, in die Elemente aus der Mystik, dem schiitischen Gedankengut und einer spezifisch orientalischen Theosophie eingegangen seien. Der Schauplatz dafür war nach seiner Ansicht Iran, das ohnehin auf eine alte spekulative Tradition (die er als prägende Kraft im Hintergrund des schiitischen Denkens vermutete) zurückblicken konnte. Deswegen habe sich hier eine spirituelle Geistigkeit herausbilden können, die als die wirkliche «islamische» Philosophie zu betrachten sei.

Corbins Thesen hatten zur Folge, dass zahlreiche scheinbare Gewissheiten hinterfragt wurden. Vor allem wiesen sie der Forschung einen Weg, sich von der herkömmlichen Fixierung auf die europäische Geistesgeschichte zu befreien. Der Preis für diese Horizonterweiterung war jedoch hoch. Denn Corbins Ansatz eröffnete nicht nur neue Perspektiven; er trug auch dazu bei, den Blick zu verengen. Seine Vision einer spezifisch «islamischen» Philosophie und Weisheitslehre ersetzte nämlich die alte, eurozentrierte Sichtweise durch einen anderen, orientalisierenden Geschichtsmythos und nahm außerdem noch die Preisgabe eines eindeutigen Begriffs von Philosophie in Kauf.

Die jüngere Forschung geht deswegen erneut andere Wege. Sie postuliert zwar ebenfalls, dass es nach 1200 eine Philosophie in der islamischen Welt gegeben habe, meint aber nicht, dass sie als Bruch mit den früheren Denkern zu verstehen sei. Vieles spricht vielmehr dafür, dass sich gerade damals anhaltende Lehrtraditionen, die sich auf ältere Autoren beriefen, herausbildeten. Sie verstanden die Philosophie nach wie vor als eine rationale Wissenschaft, die um die Frage nach den Strukturen und den allgemeinen Zusammenhängen des Denkens, des Seins und des Handelns kreist. Für das 13. Jahrhundert ist das bezeugt. Doch auch für die Zeit danach scheint man eine solche Entwicklung voraussetzen zu können. Sie dauerte offenkundig über die Jahrhunderte fort und reicht in weiten Teilen der islamischen Welt bis in die Gegenwart.

Vorwort
zur dritten Auflage

Im Vorwort zur ersten Auflage habe ich darauf hingewiesen, dass eine mehrbändige Darstellung zur *Philosophie in der islamischen Welt* im neuen *Grundriss der Geschichte der Philosophie (Ueberweg)* geplant ist. Dieses Projekt hat sich inzwischen konkretisiert: Band 1, der die Entwicklung vom 8. bis zum 10. Jahrhundert behandelt, ist 2012 erschienen. Band 2 (11.–12. Jahrhundert), in dem auch die jüdischen und die christlichen Autoren in der islamischen Welt zur Sprache kommen werden, ist derzeit in Bearbeitung. Nach seinem Abschluss werden parallel Band 3 (13.–18. Jahrhundert) und Band 4 (19.–20. Jahrhundert) fertig gestellt werden.

Im Vergleich zu den ausführlichen Darlegungen, die im *Grundriss* möglich sind, kann der hier vorgelegte Band nur einen skizzenhaften Überblick über das Thema bieten. Gleichwohl sei an dieser Stelle noch einmal darauf hingewiesen, dass diese Skizze zahlreiche Anregungen den Diskussionen, die ich mit den Mitarbeitern am *Grundriss* führen durfte, verdankt. Allen Kollegen sei deswegen herzlich gedankt, ebenso Ulrich Nolte vom Verlag C. H. Beck, der auch diese dritte Auflage umsichtig betreut hat.

I. Die Rezeption der antiken Wissenschaften

Die Anfänge der Philosophie in der islamischen Welt reichen zurück ins 9. Jahrhundert. In dieser Zeit entstanden die ersten arabischen Texte, die hinsichtlich ihrer Thematik, der angewandten Methode und des Erkenntnisinteresses ihrer Verfasser eindeutig als philosophische Schriften zu bezeichnen sind. Die Voraussetzungen für diese Entwicklung waren jedoch schon früher gelegt worden, denn das Aufkommen der Philosophie war weder ein überraschendes noch ein isoliertes Ereignis. Es lässt sich vielmehr als Teil eines umfassenden intellektuellen Prozesses beschreiben, in dessen Verlauf zahlreiche, in der Antike gepflegte Wissenschaften Eingang in den islamischen Kulturkreis fanden und dort zum Gegenstand des Nachdenkens und der schöpferischen Weiterentwicklung wurden.

Dieser Rezeptionsvorgang hatte bereits um die Mitte des 8. Jahrhunderts begonnen. Im Grunde lassen sich seine Wurzeln sogar bis in das 7. Jahrhundert zurückverfolgen. Denn seit die Muslime weite Gebiete des Byzantinischen Reiches und den ganzen Herrschaftsbereich der Sassaniden erobert hatten, kamen sie ständig in Berührung mit Personen, die eine andere Sprache (Griechisch, Mittelpersisch, Syrisch usw.) benutzten und über ein anderes kulturelles (hellenistisches, iranisches, christliches usw.) Erbe verfügten. Mitte des 8. Jahrhunderts erfuhren diese anfangs noch unverbindlichen Kontakte jedoch eine qualitative Veränderung. Denn jetzt begnügte man sich nicht mehr damit, den Austausch auf mündlichem Wege und in der unmittelbaren Begegnung zu pflegen, sondern ging dazu über, das antike Erbe systematisch zu erschließen, indem man vollständige Texte aus dem Griechischen (zum Teil auch aus dem Mittelpersischen und aus dem Syrischen) ins Arabische übertrug. Damit begann die große Übersetzungsbewegung, die bis in die zweite Hälfte des 10. Jahrhunderts andauern sollte und deren Ergebnis letztendlich lautete, dass fast die gesamte wissenschaftliche Literatur der Antike (Philosophie; Medizin und Pharmakologie; mathematische Wissenschaften einschließlich Optik, Mechanik, Astronomie, Astrologie und Musiktheorie; Naturkunde; Agrikultur; Geheimwissenschaften) auf Arabisch zugänglich wurde.

Über die Gründe dieses erstaunlichen Vorganges ist viel spekuliert worden. Dabei bestand lange Zeit die Tendenz, den gesamten Übersetzungsprozess damit erklären zu wollen, dass man einzelne historische Umstände (z. B. die Vermittlungstätigkeit der syrischsprachigen Christen) oder das Interesse und die Tatkraft einzelner Kalifen (insbesondere al-Ma'mûns, reg. 813–833) an seinem Ursprung vermutete. Inzwischen dürfte jedoch deutlich geworden sein, dass die Bewegung viel zu lang dauerte und in der Gesellschaft viel zu breit abgestützt war, als dass sie mit solchen monokausalen Begründungsmodellen erklärt werden könnte. Wahrscheinlicher ist vielmehr, dass sie auf eine Reihe von Ursachen und von Motiven seitens der Beteiligten zurückging, die teils nacheinander, teils in der Verbindung miteinander zur Entstehung und zum anhaltenden Erfolg des Prozesses beitrugen.

Einer dieser Faktoren waren sicher die praktischen Interessen der neuen Machthaber, ja überhaupt der neuen Gesellschaft. Denn die Muslime standen vor einer Fülle von Aufgaben, die sie mit ihren bisherigen Kenntnissen und Instrumentarien nicht bewältigen konnten. Man brauchte beispielsweise, um die Steuern des riesigen Reiches berechnen zu können, mathematische Fertigkeiten. Man brauchte, um das Gesundheitswesen aufzubauen, Fachleute in der Medizin, um den Anbau von Nahrungsmitteln zu fördern, Kenntnisse in der Agrikultur. Und selbst die Ausübung der Religion setzte profane Fähigkeiten voraus. Denn um von allen Städten des Reiches aus die Gebetsrichtung nach Mekka festlegen zu können, waren sowohl Astronomie als auch Geodäsie vonnöten. Also suchte man nach Möglichkeiten, solche Kenntnisse schnell und zuverlässig zu erwerben, und dabei boten sich die einschlägigen wissenschaftlichen Darlegungen und Handbücher der Antike als Quellen an.

Hinzu kam, dass das Selbstverständnis der abbasidischen Kalifen, die seit der Mitte des 8. Jahrhunderts das islamische Weltreich regierten, die Aneignung des antiken Erbes förderte. Dafür spricht schon die Tatsache, dass von dem Moment an, da ihre Dynastie (reg. 750–1258) das Herrscherhaus der Omaiyaden (reg. 661–750) abgelöst hatte, die Übersetzungsbewegung ihren entscheidenden Aufschwung nahm. Die Abbasiden verstanden sich – im Gegensatz zu ihren Vorgängern – nicht mehr als die Anführer einer arabisch-islamischen Elite. Ihr Anspruch griff viel weiter aus: Sie wollten die rechtmäßigen Herren aller Muslime und aller von ihnen repräsentierten Kulturen sein. So erklärt es sich, dass sie Bagdad, ihre neue Hauptstadt, in der Nähe der alten sassanidischen Zentren gründeten. So erklärt sich auch ihre Propaganda, in der sie verkünden ließen, dass nur die Kalifen – und nicht etwa andere, nicht-islamische Herrscher – die wahren Hüter der iranischen Tradition (die in hohem Maße hellenisiert war) sowie der griechischen Überlieferung seien. Das brachte es mit sich, dass die Abbasiden in ihrer «Kulturpolitik» dem Erbe der Antike eine besondere Stellung einräumten und dafür Sorge trugen, dass es durch arabische Übersetzungen Eingang in die neue Gesellschaft fand.

Schließlich muss man bei einem Prozess der Rezeption und der intellektuellen Aneignung mit einer inneren Dynamik rechnen. Denn jedes Wissensgut, das bekannt wird, löst nicht nur Probleme; es wirft auch neue Fragen auf. Kennt man die angewandte Mathematik, so will man ihre theoretischen Grundlagen kennen lernen. Hat man gelernt, die Sterne mit astronomischen Geräten zu beobachten, so führen die Beobachtungen den Fragenden weiter: sei es zur astronomischen Theorie, zur Kosmologie oder gar zu einer allgemeinen Lehre von der Physik. Außerdem darf man nicht vergessen, dass in der Epoche, von der wir sprechen, nicht nur die Wissenschaften, die auf einer antiken Grundlage aufbauen konnten, entdeckt und fortgesetzt wurden. Auch genuin islamische Disziplinen begannen sich im 8. Jahrhundert zu entwickeln (Recht, Theologie, Koranexegese usw.). Ihren Vertretern stellte sich ebenfalls die berechtigte Frage, ob aus den überlieferten antiken Texten nicht Anregungen für die eigene Methodik (Dialektik, Logik usw.) oder für die eigenen theoretischen Konzepte (über die Natur, den Aufbau der Schöpfung usw.) zu gewinnen seien.

All das trug dazu bei, dass die Bewegung der griechisch-arabischen Übersetzungen eine breite Resonanz fand und zu einem ausgesprochen fruchtbaren kulturellen Prozess wurde. Er dauerte über zwei Jahrhunderte und stellte der neuen, sich rasch entwickelnden und ausdifferenzierenden Gesellschaft eine ständig wachsende Zahl von Kenntnissen bereit. Dieses Wissen wurde aufgenommen, theoretisch durchdacht und in der Praxis angewandt. Aber es blieb eben nicht nur bei solchen, ihrem Charakter nach rezeptiven Vorgängen. Die Muslime entwickelten bald ihre eigenen Fragestellungen zu den verschiedenen Wissensbereichen – und damit sind wir wieder bei den Anfängen der Philosophie in der islamischen Welt angekommen.

2. Der erste Entwurf: Abû Yûsuf al-Kindî

Diese Anfänge sind untrennbar verknüpft mit dem Namen Abû Yûsuf al-Kindî (ca. 800–ca. 865). Er wurde schon von seinen Zeitgenossen als «der Philosoph der Araber» bezeichnet, womit zum Ausdruck gebracht werden sollte, dass ihm der entscheidende Anteil an der Begründung der philosophischen Wissenschaft in arabischer Sprache zukam. Auch sonst war Kindî eine auffällige Erscheinung. Die Quellen berichten jedenfalls, dass er ein privilegiertes Leben führte. Aus einer einflussreichen südarabischen Familie stammend, studierte er zunächst in Kufa (wo sein Vater den Posten des Gouverneurs innehatte), dann in Basra, und verbrachte anschließend viele Jahre am Kalifenhof in Bagdad (mit einem kurzen Intermezzo, in dem er in Ungnade gefallen sein soll).

Das Leben in der Metropole hatte den Vorteil, dass Kindî die rasante Entwicklung in den verschiedenen Wissenschaften unmittelbar miterlebte. Was auch immer in der Hauptstadt übersetzt wurde – er rezipierte es und griff die Thematik alsbald in einem eigenen Werk auf. So entstand ein Œuvre von beachtlicher wissenschaftlicher Breite: Schriften zu Astronomie und Astrologie, Optik und Mathematik, Musik und Medizin, Phonetik und Alchemie; Texte, aus deren Widmungen hervorgeht, dass sie an die verschiedenen Träger der neuen Bildung (Kalifen, Ärzte, auch Dichter) adressiert waren. Man wird Kindî daher als Universalgelehrten bezeichnen können. Sein Interesse galt allen Wissenschaften, die zu seiner Zeit aus den antiken Quellen rezipiert wurden, und sein Engagement trug viel zu deren Erhaltung und Weiterentwicklung in der islamischen Welt bei. Gleichzeitig ist es gerechtfertigt, Kindî einen Philosophen zu nennen. Denn so breit sein Œuvre auch war – die Philosophie dominierte es, und das in zwei Hinsichten: in einem weiteren Sinn, insofern als die meisten Disziplinen, die er verfolgte, nach seinem Verständnis (wie überhaupt nach aristotelischer Tradition) ohnehin zur Philosophie gezählt wurden; und in einem engeren Sinn, insofern als Kindî sein Werk mit einigen Schriften krönte, die explizit philosophischen Themen gewidmet waren und zugleich den Zweck hatten, seinen verschiedenen wissenschaftlichen Studien eine gemeinsame Orientierung und Zielsetzung zu geben.

Um solche Texte verfassen zu können, bedurfte er allerdings philosophischer Kenntnisse. Sie zu erwerben, war in den Jahren, als Kindî nach Bagdad kam (d. h. vor 830), gar nicht so einfach, denn zu dieser Zeit waren erst wenige philosophische Werke ins Arabische übersetzt (vermutlich nur populäre Ethik, elementare Logik sowie einzelne Partien der aristotelischen Naturphilosophie). Kindî ging deswegen als Erstes daran, die Basis seines Nachdenkens zu erweitern. Zu diesem Zweck gab er mehreren Übersetzern, die im Umkreis des Kalifenhofes tätig waren, den Auftrag, zusätzliche Schriften zu besorgen und für ihn ins Arabische zu übertragen. Was auf diese Weise alles bis zur Mitte des 9. Jahrhunderts übersetzt wurde, lässt sich nicht mehr im Einzelnen rekonstruieren. Wir können jedoch mit einiger Sicherheit angeben, welche Texte bzw. Textgruppen zu dieser Zeit im Vordergrund des Interesses standen und mit besonderem Engagement bearbeitet wurden. Zu ihnen zählen die naturphilosophischen Schriften des Aristoteles, soweit sie nicht schon vorher bekannt waren (u. a. die *Meteorologie* und *Über den Himmel*), sowie die *Metaphysik* und *Über die Seele*. Hinzu kamen Paraphrasen platonischer Werke: sicher des *Timaeus* und des *Symposium*, vielleicht auch schon anderer Dialoge wie *Phaedo* und *Sophistes*. Darüber hinaus waren es vor allem spätantike Texte, die Kindî kennen lernte. Hier ist mit einer breiten Rezeption zu rechnen, die von den frühen aristotelischen Kommentatoren (wie Alexander von Aphrodisias) bis zu deren späten christlichen Nachfolgern (wie Johannes Philoponos) reichte. Entscheidend waren in diesem Zusammenhang jedoch die Neuplatoniker, allen voran Plotin und Proklos. Sie haben Kindî nachhaltig beeinflusst, wobei man allerdings hinzufügen muss, dass er ihr Denken nicht in der ursprünglichen Form kennen lernte. Was ihm vorlag, waren nämlich keine arabischen Übersetzungen ihrer originalen griechischen Werke. Es waren Bearbeitungen und Paraphrasen von bis heute nicht ganz geklärter Herkunft, die Teile der *Enneaden* Plotins sowie der *Institutio theologica* des Proklos in einer kreationistisch-monotheistischen Interpretation wiedergaben und dazu noch Aristoteles zuschrieben (die berühmte *Theologie des Aristoteles*, *Das Buch über die Ursachen/Liber de Causis* und andere mehr).

Bei der Umsetzung dieses umfangreichen Übersetzungsprogrammes spielte Kindî durchaus eine aktive Rolle. Er wählte nicht nur verschiedene Texte zur Bearbeitung aus, sondern korrigierte auch die Sprache der Übersetzungen, die ihm vorgelegt wurden. Außerdem machte er sich um die Festlegung einer eindeutigen philosophischen Terminologie im Arabischen verdient. Sein Werk *Über die Definitionen und die Beschreibungen der Dinge* war der erste Versuch, das neue wissenschaftliche Vokabular, das man zur Wiedergabe der griechischen Termini benötigte, zusammenzufassen und zu normieren. Gleichwohl war Kindî nicht nur ein Anreger und Nutznießer der intensiven Übersetzungstätigkeit, die sich in seinem Umkreis abspielte. Er war vermutlich auch ihr Opfer. Denn während er an seinen eigenen Werken zur Philosophie arbeitete, veränderte sich ständig die Grundlage seines Nachdenkens. Stets wurden neue Texte mit anderen Fragestellungen und anderen Lösungsansätzen bekannt, so dass er mehrfach gezwungen wurde, seine Vorstellungen zu modifizieren und durch Anregungen aus Quellen, die vorher noch unzugänglich waren, zu ergänzen.

Besonders deutlich wird das in der Schrift, die man als sein Hauptwerk bezeichnen kann: einer relativ umfangreichen Abhandlung über die Metaphysik (*Über die Erste Philosophie*). Sie besteht in der überlieferten Fassung aus vier Abschnitten, die nicht nur thematisch, sondern auch von ihrem philosophischen Hintergrund her sehr unterschiedlich angelegt sind. – Das erste Kapitel dient dem Zweck, den Rahmen der Untersuchung abzustecken. Hier bestimmt Kindî die Aufgabe des Philosophen und erklärt, dass sein Ziel die Wahrheitssuche, das heißt die Suche nach den Ursachen für die Form, die Materie, die Bewegung und den Zweck der Dinge sei. Das erinnert in auffälliger Weise an die *Metaphysik* des Aristoteles, die im Text auch ausführlich benutzt und mitunter sogar wörtlich zitiert wird. – Im zweiten Abschnitt ändert sich indes die Perspektive. Jetzt geht es darum, dass unsere Welt keine unendliche Größe darstelle, sondern von endlicher Ausdehnung sei. Das postuliert Kindî zunächst für die Dimension des Raumes. Dabei kann er sich wieder auf Aristoteles beziehen, wobei ihm diesmal vor allem *Über den Himmel* als Ausgangspunkt dient. Dann geht Kindî jedoch einen Schritt weiter und erklärt, unsere Welt sei auch der Zeit nach endlich ausgedehnt, das heißt, sie besitze einen zeitlichen Anfang. Das widerspricht den Vorstellungen des Stagiriten, weshalb Kindî jetzt auf Argumente von Johannes Philoponos zurückgreift. – Im dritten Teil möchte er dann die Existenz Gottes beweisen. Grundlage dafür ist ein Argument, das von der Vielheit der sinnlich wahrnehmbaren Dinge auf die Existenz des ursprünglichen Einen schließt. Das aber bedeutet: Die Basis der Reflexionen hat sich erneut gewandelt; denn was hier erklärt wird, lässt sich weder mit Aristoteles noch mit Johannes Philoponos, sondern mit Texten des Neuplatonikers Proklos verbinden. – Proklos ist es dann auch, dessen Überlegungen das vierte Kapitel des Textes begleiten. Hier versucht Kindî nämlich, Gott zu beschreiben, und entwickelt dabei eine negative Theologie, die ganz im Banne des späten Neuplatonismus steht. Sie beschließt jedoch nicht den Text. Vielmehr kommt es am Ende zu einer letzten gedanklichen Wendung. Denn jetzt heißt es, der ferne, unerkennbare Gott habe unsere Welt nicht von Ewigkeit her bewirkt, sondern in der Zeit aus dem Nichts geschaffen – womit schließlich das religiöse Dogma von der Schöpfung aus dem Nichts anerkannt ist.

All das belegt, dass Kindî virtuos mit seinen Quellen umging. Er versuchte – wie das schon verschiedene christliche Autoren der Spätantike getan hatten – möglichst viele philosophische Konzepte und Argumentationsstrategien mit seinen eigenen religiösen Überzeugungen zu verbinden. Das gilt, wie wir gerade gesehen haben, für sein metaphysisches Hauptwerk; aber es gilt auch für die kleineren Schriften aus seiner Feder. Sie gaben Kindî die Gelegenheit, einzelne Fragen aus anderen Bereichen der Philosophie (Physik, Psychologie, Ethik usw.) zu erörtern und jeweils seinen Standpunkt dazu darzulegen.

Handelte es sich dabei um Themen der Naturphilosophie, so war seine Haltung durchweg aristotelisch. Das zeigen beispielsweise seine Traktate *Über die Ursache des Werdens und Vergehens* und *Darlegung der Tatsache, dass sich die Natur der Himmelssphäre von den Naturen der vier Elemente unterscheidet*, die weitgehend an Aristoteles' *Vom Werden und Vergehen* bzw. *Über den Himmel* angelehnt sind. Anders liegt der Fall bei Fragen der Psychologie und der Ethik. Hier stand Kindî eindeutig in platonischer Tradition, wobei die einzelnen Elemente seiner Lehre sogar unterschiedliche Strömungen innerhalb des Platonismus (mittelplatonisch-hermetisches Gedankengut; eine platonisierende *Über die Seele*-Interpretation aus der Spätantike; arabische Neoplatonica wie die *Theologie des Aristoteles*) reflektieren.

Trotz dieser Abhängigkeit von seinen Vorlagen fand Kindî aber auch den Weg zu eigenen Konzepten. Das wird am deutlichsten in einer Abhandlung, die sich nur über wenige Seiten erstreckt. Die Rede ist von der konzisen, aber überaus einflussreichen Schrift *Über den Intellekt*. Sie behandelt ebenfalls ein klassisches Problem, diesmal wieder aus der Schulüberlieferung des Aristotelismus. Doch an diesem Text wird sichtbar, dass Kindî nicht nur virtuos mit tradierten Lehrmeinungen umgehen konnte, sondern originelle Beiträge zur Philosophie geleistet hat.

Die Fragestellung, die zur Debatte stand, ist allgemein bekannt: Es ging darum festzustellen, was Aristoteles gemeint haben könnte, als er in *Über die Seele* III 5 die Unterscheidung zwischen dem aktiven und dem passiven Intellekt einführte. Darüber hatten sich schon seine spätantiken Kommentatoren wie Alexander von Aphrodisias, Themistios und Johannes Philoponos den Kopf zerbrochen, ohne jedoch zu einem Konsens gekommen zu sein. Kindî kannte ihre Lösungsvorschläge. Aber er wählte einen eigenen Weg, um die Aussage des Aristoteles zu deuten. Dabei nahm er zwei Weichenstellungen vor, die für die gesamten späteren Diskussionen über diese Frage maßgeblich bleiben sollten. Zum einen interpretierte er den aktiven Intellekt aus *Über die Seele* im Lichte des Neuplatonismus. Von ihm heißt es nämlich, er sei die Ursache und das universale Prinzip aller Intellekte – womit die spätere Hypostasierung des aktiven Intellekts, die uns bei Fârâbî begegnen wird, angelegt ist. Zum anderen versuchte Kindî, den Vorgang des Denkens differenzierter als seine Vorgänger zu beschreiben. Zu diesem Zweck nahm er als erster Autor drei Stufen der geistigen Erkenntnis in den einzelnen Seelen an. Es sind dies: der potentielle Intellekt, d. h. das Vermögen des Menschen zu denken; der aktualisierte Intellekt oder erworbene Intellekt, der sich bereits Wissen (z. B. Schreibkunst) angeeignet hat, es aber nicht aktuell gebraucht (also momentan nicht schreibt); und schließlich der sichtbare Intellekt, der das erworbene Wissen auch aktualiter anwendet und sich auf diese Weise nach außen manifestiert.

Die Abhandlung *Über den Intellekt* hat Kindîs Nachruhm gesichert. Sie wurde nicht nur von zahlreichen islamischen Autoren gelesen, sondern auch innerhalb des lateinischen Mittelalters mit großem Interesse rezipiert. Daneben sollte jedoch nicht vergessen werden, dass – zumindest im islamischen Kulturkreis – noch eine weitere These, die Kindî vertreten hatte, für lange Zeit mit seinem Namen verbunden wurde. Gemeint ist seine Haltung zur Religion. Ihr Kennzeichen bestand darin, dass er die philosophische Erkenntnis und das Wissen, das sich aus der Offenbarung ableitet, noch nicht auf eine gemeinsame epistemologische Basis stellte, sondern unvermittelt nebeneinander bestehen ließ bzw. in Konfliktfällen der Religion den Vorrang gab.

Ein Beispiel für diese Haltung ist uns bereits begegnet. Gemeint ist die Tatsache, dass Kindî gegen Ende seiner Schrift über die Metaphysik ohne nähere Begründung die Lehre von der Schöpfung aus dem Nichts einführte (wobei er diese Lehre allerdings an anderer Stelle ausführlicher erklärte). Daneben lassen sich weitere Beispiele für das Nebeneinander von religiösen und philosophischen Lehrmeinungen aufzählen: der Glaube an die Auferstehung des Leibes (der nicht mit der platonischen Seelenlehre abgestimmt wird); die ingeniösen, aber unsystematischen Versuche der Koranexegese (etwa in der Schrift *Darlegung des Niederwerfens des äußersten (Himmels)Körpers*, einer Auslegung von Sure 55 Vers 6); oder auch das Eingeständnis, dass die Philosophie immer nur schrittweise der Wahrheit näher komme, während den Propheten ein vollkommenes und ewiges (weil göttliches) Wissen zuteil werde.

Man hat aufgrund solcher Aussagen versucht, Kindî in die Nähe der islamischen Theologie zu rücken. Dabei wurden vor allem zwei Argumente geltend gemacht: seine eigene, in vielen Äußerungen spürbare Rücksichtnahme auf das islamische Dogma; und die Tatsache, dass die Theologen, mit denen er es zu tun hatte (d. h. vor allem die muʿtazilitische Schule), ihrerseits ausgesprochen rationalistisch argumentierten und damit dem philosophischen Denken nahe kamen. Beides trifft zu, aber daraus lässt sich noch keine Abhängigkeit ableiten. Denn bei aller Gemeinsamkeit der behandelten Themen und Interessen blieben die Erkenntniswege, die Kindî bzw. die Muʿtaziliten einschlugen, in wesentlichen Punkten getrennt. Jede Seite hatte ihre eigene Lehrtradition, ihre Quellen und ihre Vorbilder. Jede hatte ihre eigenen Begriffe und bildete eigene Methoden aus. Man wird Kindî deswegen nicht gerecht, wenn man ihn als Grenzgänger der islamischen Theologie deutet. Er war Philosoph und wurde als solcher von seinen Zeitgenossen und seinen Nachfolgern verstanden – wenn auch mit der Besonderheit, dass er die Philosophie in den Dienst des islamischen Dogmas gestellt hat.

3. Der zweite Entwurf: Abû Bakr ar-Râzî

Dass man Philosophie und Theologie (auch) im islamischen Kulturkreis trennen sollte, wurde ohnehin kurze Zeit nach Kindîs Tod deutlich. Mochte er noch die Arbeit der Theologen respektiert haben; mochten die Theologen seiner Zeit ihre Rationalität betont haben und sogar an der aristotelischen Dialektik *(Topik)* und an bestimmten Konzepten der antiken Naturphilosophie interessiert gewesen sein – wenige Jahrzehnte später änderten sich die Perspektiven der Beteiligten. Aus der sachlichen Distanz, die zwischen den beiden Wissenschaften bestanden hatte, wurde eine bewusste Distanzierung, die alsbald einer Frontstellung gleichkam.

Die Gründe für diese Entwicklung sind vielschichtig und lassen sich nicht in wenigen Zeilen resümieren. Festhalten kann man jedoch, dass die Verhärtung des Verhältnisses, die wir um die Wende vom 9. zum 10. Jahrhundert beobachten können, von den Vertretern beider Seiten ausging. Die Theologen, die lange Zeit bereit gewesen waren, mit den verschiedensten gedanklichen Anregungen (auch aus dem antiken Erbe) zu operieren, betonten jetzt die Normativität der islamischen Überlieferung. Maßgeblichen Anteil daran hatten al-Aschʿarî (gest. 935) und al-Mâturîdî (gest. 944). Sie verzichteten zwar nicht auf die Anwendung von rationalen Beweisführungen, meinten aber, jedes Dogma müsse aus dem Koran oder aus der prophetischen Tradition (d. h. der *sunna*) begründet (Aschʿarî) bzw. abgesichert (Mâturîdî) werden. Damit veränderten sie den konzeptuellen Rahmen, innerhalb dessen sich die theologischen Spekulationen bewegten, und sorgten dafür, dass eine überlieferungsorientierte, «sunnitische» Theologie in den Vordergrund trat. Die Philosophen hatten dagegen ganz andere Ziele. Sie profitierten davon, dass auch nach Kindîs Tod ständig weitere

Texte aus dem Griechischen und dem Syrischen ins Arabische übersetzt wurden. Das verbesserte die Grundlage ihres Nachdenkens, erhöhte aber auch die Ansprüche, die aus diesem Nachdenken abgeleitet wurden. Sie beschränkten sich nicht mehr auf das Postulat, die Philosophie möge – im Sinne Kindîs – Argumente und Erklärungsmodelle im Dienste des islamischen Dogmas bereitstellen. Vielmehr hieß es jetzt, sie müsse sich von allen religiösen Vorbedingungen freimachen und in Verfolgung ihrer eigenen Axiome und Methoden nach unbedingter Erkenntnis der Wahrheit streben.

So lautete jedenfalls die Forderung, die Abû Bakr ar-Râzî (865–925) aufstellte. Mit ihm begegnen wir dem ersten Denker im islamischen Kulturkreis, der ohne Einschränkung für die Autonomie der Philosophie eintrat. Râzî war eigentlich Arzt und fand in diesem Metier auch große Anerkennung. Seine klinischen Erfolge wurden gerühmt. Seine Schriften zu medizinischen Themen setzten neue Maßstäbe. Sie fassten nicht nur das überlieferte Wissen der Griechen (z. T. auch der Inder) in mustergültiger Form zusammen, sondern erweiterten es um zahlreiche Erkenntnisse und wurden deswegen über Jahrhunderte hinweg als Grundlage der ärztlichen Ausbildung eingesetzt. Anders verhielt es sich mit den Texten, die Râzî zu philosophischen Fragen verfasste. Sie wurden weder von seinen Zeitgenossen zustimmend aufgenommen noch von der Nachwelt anerkannt. Stattdessen stießen sie allenthalben auf Ablehnung, ja auf entrüstete Reaktionen, was ihrem Verfasser den Ruf eintrug, ein übler Ketzer gewesen zu sein.

Infolge dieses Verdikts wurde Râzîs philosophisches Œuvre denkbar schlecht überliefert. Wenn überhaupt etwas erhalten blieb, sind es kurze Texte und Fragmente, deren Authentizität keineswegs immer gesichert ist. Wir sind deshalb in hohem Maße auf die Aussagen späterer Autoren angewiesen. Das ist in Râzîs Fall besonders misslich, weil alle späteren Autoren seine Behauptungen widerlegen wollten und deswegen noch pointierter, als sie es ohnehin gewesen sein mögen, präsentierten. Gleichwohl ist es möglich, die Grundzüge seines Denkens – mit den genannten Vorbehalten – zu rekonstruieren.

Das gilt zumindest für drei Themenbereiche, die ihn besonders interessiert haben dürften: die Metaphysik (die Fragen der Prinzipienlehre und der Kosmologie verbindet); die Erkenntnislehre (in deren Kontext auch seine Ansichten zur Prophetie gehören); und schließlich die Betrachtungen zur Ethik, die wohl noch am ehesten von seinen Lesern akzeptiert wurden und deswegen auch in den erhaltenen Texten am besten dokumentiert sind.

Wie ungewöhnlich Râzî dachte, zeigt sich bereits bei seinen metaphysischen Überlegungen. Sie beginnen mit einem Paukenschlag. Er meint nämlich, das geschaffene Sein nicht auf ein einziges Prinzip, sondern auf fünf Prinzipien zurückführen zu können: Neben Gott (der als vollkommener Intellekt beschrieben wird) sollen auch die Zeit, der Raum, die Universalseele und eine unstrukturierte, aus Atomen bestehende Materie anfangslos sein. Sie alle waren laut Râzî ursprünglich getrennt und ohne jede Verbindung. Aber dann kam es zu einem Ereignis, das einen folgenreichen, bis heute andauernden Prozess ausgelöst hat. Die Seele versuchte, die Materie zu formen und sich mit ihr zu verbinden. Dieser Versuch scheiterte jedoch am Widerstand der Materie, weshalb Gott aus Mitleid mit den erfolglosen Bemühungen in den Prozess eingriff. Er schuf unsere Welt und ermöglichte es der Seele damit, in geformte Körper einzugehen. Anschließend schenkte er den Seelen(partikeln), die sich seither in der materiellen Welt befinden, auch noch Anteil an seinem Intellekt. Mit dessen Hilfe können wir unsere Herkunft und unsere Bestimmung erkennen. Denn der Intellekt zeigt uns, dass unsere Seelen gar nicht in die Körper gehören, sondern zu ihrem Ursprung zurückfinden müssen. Der Weg dorthin führt über die Erkenntnis und das rechte Handeln. Das gilt für jeden von uns, weil alle Menschen hinreichende intellektuelle Fähigkeiten besitzen, um ihre Seelen zu befreien. Ist diese Aufgabe erfüllt, wird die geschaffene Welt vergehen und der Ausgangszustand wiederhergestellt werden. Dann wird die Universalseele nämlich restituiert sein – so, wie sie ursprünglich war, aber um die Erkenntnis reicher, dass ihre Bestimmung nicht in der Verbindung mit der Materie liegt.

Der Mythos, den Râzî hier vorträgt, ist schon des Öfteren

kommentiert worden. Dabei wurde zu Recht auf seine Beziehungen zu älteren Lehrmeinungen hingewiesen: den Platonismus, der im Konzept des Demiurgen und in den Ausführungen über den Weg der Seele deutlich wird; den Anti-Aristotelismus, der Râzîs Aussagen über die Physik bestimmt (absolute Zeit, absoluter Raum inklusive Vakuum, Atomismus); und schließlich die Nähe zu kosmologischen Spekulationen, die man aus verschiedenen spätantiken Religionen, allen voran dem Manichäismus kennt. Trotz dieser Anklänge an ältere Traditionen steht der Mythos jedoch im Dienst einer neuen Lehre. Denn Râzî reflektiert zwar die genannten Konzepte; aber er nutzt sie vorrangig, um in Auseinandersetzung mit ihnen seine eigenen Vorstellungen zu entwickeln. Sie werden im Verlauf der Darstellung ebenfalls deutlich. Man kann sie dahingehend zusammenfassen, dass er für das Weltgeschehen drei Pole annimmt: einen Gott, der aus überlegenem Wissen und aus Barmherzigkeit handelt; eine präexistente, von Gott unabhängige Konstellation von physikalischen Bedingungen (Ewigkeit von Zeit, Raum und Materie); und schließlich die vitale, nach Vollkommenheit strebende Seele, deren wechselhafte Geschichte zugleich die Geschichte der Welt und des Menschen ist.

Aufschlussreich ist dabei, dass der Prozess der Vervollkommnung der Seele vom Intellekt geleitet wird. Das führt uns zum nächsten Thema, der Erkenntnislehre, die in Râzîs Überlegungen ebenfalls einen wichtigen Platz einnimmt. Auch hier erweist er sich als ein unkonventioneller Denker. Denn anders als seine Kollegen vor ihm (Kindî) und nach ihm (Fârâbî, Avicenna, Averroes) behandelt er das Problem nicht, indem er von Aristoteles' Aussagen über den aktiven und den passiven Intellekt ausgeht. Ihm liegt vielmehr daran, einen anderen Punkt herauszuarbeiten. Er besteht in der bereits erwähnten Überzeugung, dass jeder Mensch allein mit Hilfe des Intellekts, der ihm von Gott geschenkt wurde, Erkenntnis gewinnen und seiner Aufgabe in der Welt gerecht werden kann. Dieser Grundsatz ist nicht ganz so optimistisch, wie es zunächst erscheinen mag, denn Râzî rechnet durchaus mit der Möglichkeit des Scheiterns. Er sieht dafür sogar eine Strafe vor. Denn wer sein Leben nicht zum Erkennen (und den daraus folgenden richtigen Handlungen) nutzt, muss damit rechnen, dass er als niedrigeres Lebewesen wiedergeboren wird. Selbst dann bleibt indes die Aussicht auf ein gutes Ende. Denn auch im neuen Zustand wird der Betreffende die Chance haben, seine Fehler wieder gutzumachen und an dem Prozess der Aufwärtsbewegung der Seelen teilzunehmen. Somit steht fest, dass alle Menschen irgendwann ihr intellektuelles Potential ausschöpfen und ihre Seelen befreien werden.

Auch diese Überzeugung lässt sich mit Vorstellungen aus der Antike verbinden. Sie verweist uns noch stärker als die vorgängigen kosmologischen Überlegungen auf den Platonismus. Das kann im Übrigen nicht verwundern. Schließlich war Râzî Arzt. Als solcher studierte er eifrig Galens weit verzweigte Schriften (von denen bis zum Ende des 9. Jahrhunderts über hundert auf Arabisch vorlagen). Galen aber war nicht nur dafür bekannt, dass er ein ausführliches philosophisches Propädeutikum in die medizinische Ausbildung integrierte. Er war auch ein Anhänger des Platonismus und verfasste unter anderem einen Text, in dem er didaktisch geschickt den Lektürekanon der Platoniker zusammenfasste.

Gleichwohl gilt auch hier: Râzî übernahm das tradierte Lehrgut nicht unverändert, sondern stellte es in einen neuen Kontext. Dieser neue Problemzusammenhang war davon gekennzeichnet, dass die rationale Erkenntnis einen Konkurrenten erhalten hatte, nämlich das Wissen, das sich auf die göttliche Offenbarung bezog. Dessen Ansprüche weist Râzî unter Berufung auf seine Epistemologie vehement zurück. Denn er ist nun einmal davon überzeugt, dass der barmherzige und gerechte Gott allen Menschen die Fähigkeit zur Erkenntnis geschenkt hat. Aus diesem Grund hält er es für ausgeschlossen, dass einzelnen Personen zusätzlich ein exklusives Offenbarungswissen zuteil werde. Es gibt demnach, so seine Schlussfolgerung, keine Propheten. Ja mehr noch: Wer für sich in Anspruch nimmt, die Gabe der Prophetie zu besitzen (Mose, Jesus, Muhammad usw.), kann nur ein Betrüger sein. Er täuscht eine Eingebung vor, die er gar nicht erhielt, und schart hinter sich eine angeblich privilegierte Gemeinde. Sie aber hat nichts Besseres zu tun, als mit anderen Gemeinden, die sich ebenfalls im Besitz der geoffenbarten Wahrheit wähnen, Kriege zu führen.

Solche Äußerungen ließen Râzî in den Augen vieler Zeitgenossen endgültig als gottlosen Ketzer erscheinen. Das mag in einer Gesellschaft, die sich an einem Propheten orientierte, nahe liegen. Aber die Vorwürfe gingen trotzdem der Sache nach an ihrem Ziel vorbei. Râzîs Absicht bestand nicht darin, die Existenz oder die Bedeutung Gottes in Frage zu stellen. Nach allem, was wir gesehen haben, wollte er Gott vielmehr als den unmittelbaren und alleinigen Garanten für das Heil aller Menschen herausstellen. Diese Tendenz durchzog seine Metaphysik und seine Erkenntnislehre, und sie wird sich erneut bestätigen, wenn wir uns seinen ethischen Betrachtungen zuwenden.

Im Gebiet der Ethik waren Râzîs Ansichten, wie schon erwähnt, weniger spektakulär und irritierend. Das ist vermutlich der Grund dafür, dass zu diesem Thema zwei Abhandlungen aus seiner Feder erhalten sind (*Die geistige Medizin* und *Die philosophische Lebensweise*). Im ersten Text erklärt er, wie die Seele zur Tugend erzogen werden könne. Dabei spielt die Abwehr der Leidenschaften ebenso eine Rolle wie das Vertrauen darauf, dass der Intellekt des Menschen das rechte Maß für alle Handlungen und Genüsse bestimme. Der zweite Text, der offenbar kurz vor Râzîs Tod entstand, ist persönlicher gehalten. In ihm verteidigt er sich gegen seine Kritiker. Sie müssen ihm vorgeworfen haben, das tugendhafte (hier speziell das asketische) Leben zwar anderen gepredigt, aber selbst nicht in die Tat umgesetzt zu haben.

Râzîs Antwort auf diese Anschuldigungen ist, wie der Titel schon zeigt, sein Entwurf der «philosophischen Lebensweise». Er kreist um die Figur des Sokrates, der als der Idealfall des erkennenden und tugendhaften Menschen vorgestellt wird. Auch er musste sich Râzî zufolge diese Qualitäten erst erwerben. Denn in seiner Jugend war Sokrates angeblich noch zu einseitig auf ein asketisches und zurückgezogenes Leben bedacht (was der kynischen Interpretation seiner Figur entspricht). Später änderte sich das jedoch, denn als reifer Mann soll er gelernt haben, den verschiedenen Ansprüchen, denen sich ein Mensch stellen müsse, zu genügen (was der platonischen Interpretation des Sokrates und Râzîs eigenem philosophischen Programm entspricht). Es sind dies: die Suche nach Erkenntnis; gerechtes Handeln; Mitleid mit anderen; das sinnvolle Abwägen der (diesseitigen und jenseitigen) Genüsse; das Vertrauen auf einen barmherzigen Gott; und die Überzeugung, dass wir durch Wissen und Tugend unsere Seelen befreien und einem glücklichen Leben nach dem Tod entgegengehen.

4. Der dritte Entwurf: Abû Nasr al-Fârâbî

Râzîs Programm war kühn und eröffnete der Philosophie neue Perspektiven. War ihr von Kindî noch eine dienende Funktion gegenüber dem Dogma zugewiesen worden, so hieß es jetzt in Umkehrung dieser Einschätzung, sie übertreffe jedes religiös inspirierte Denken und sei der einzige Weg, die Wahrheit zu erkennen. Beide Entwürfe hatten indessen eines gemeinsam. Ihnen fehlte jeweils eine methodisch überzeugende Begründung für ihre weitreichenden Feststellungen. Denn weder Kindî noch Râzî hatten ein umfassendes hermeneutisches Konzept vorgelegt, aus dem hervorging, was das Spezifikum der philosophischen Erkenntnis eigentlich sei und in welcher Relation sie zu den anderen Formen des Denkens und Verstehens (Offenbarung, Theologie, Rechtswissenschaft usw.), die ebenfalls einen Wahrheitsanspruch erhoben, stehen sollte.

Solche Grundfragen erörterte erst Abû Nasr al-Fârâbî (ca. 870–950). Er ging wie Râzî von der Überlegenheit der Philosophie aus, fand aber Wege, diese Annahme nicht nur zu postulieren, sondern durch eine eingehende Reflexion über die verschiedenen menschlichen Erkenntnismöglichkeiten zu begründen. Auch Fârâbîs Wirken fiel noch in die Zeit, in der antike Werke ins Arabische übersetzt wurden. Er selbst nahm an diesem Prozess sogar teil, denn er verbrachte viele Jahre in einem Kreis von Bagdader Intellektuellen (vorwiegend Christen wie Yûhannâ ibn Hailân und Abû Bischr Mattâ), die philosophische Texte (jetzt in der Regel aus dem Syrischen) übersetzten und eingehend diskutierten. Gleichwohl war seine Stellung gegenüber dem antiken Erbe nicht mehr vergleichbar mit den Positionen seiner Vorgänger. Denn diese hatten, wie wir sahen, jeweils nur bestimmte Ausschnitte aus der breiten Überlieferung kennen gelernt (Kindî vor allem einzelne aristotelische und neuplatonische Werke, Râzî in erster Linie die Platonlektüre der Mediziner). Fârâbî hingegen überblickte das gesamte Erbe, das auf Arabisch vorlag, und das war ein umfangreiches Corpus von Texten: praktisch der ganze Aristoteles, dazu die Kommentare von Alexander von Aphrodisias, Porphyrios, Themistios, Ammonios, Johannes Philoponos u. a.; Platon in Auswahl, vermittelt über spätantike Kompendien und Kompilationen; die bereits erwähnten Neoplatonica, insbesondere die *Theologie des Aristoteles*; außerdem zahlreiche Einzelschriften wie die *Placita Philosophorum* des Aetius und anderes mehr. Auf dieser Grundlage konnte er darangehen, einen eigenen philosophischen Entwurf vorzulegen, der alle bisherigen Ansätze an Systematik übertraf und stärker als sie die weitere Entwicklung der Philosophie beeinflussen sollte.

Den Ausgangspunkt dafür bildeten die logischen Schriften des Aristoteles (das so genannte *Organon*, das seit der Spätantike zusammen mit der *Rhetorik* und der *Poetik* gelesen wurde). In ihnen erkannte Fârâbî nicht nur eine zutreffende Analyse der Struktur des menschlichen Denkens, sondern auch eine Beschreibung der verschiedenen Argumentationsformen, deren sich ein denkender Mensch bedienen kann. Die erste Aufgabe leisten nach seiner Ansicht die drei eröffnenden Schriften des Corpus; sie behandeln der Reihe nach den Begriff (*Kategorien*), das Urteil (*Hermeneutik*) und den Schluss, d. h. den Syllogismus, den Aristoteles als die allein gültige Schlussform beschrieb (*Erste Analytiken*). Die zweite Aufgabe wurde in den übrigen Teilen des *Organon* gelöst. Denn dort erklärte Aristoteles, so Fârâbî, die verschiedenen Arten von Syllogismen, die wir bilden können: den demonstrativen Schluss (= Beweis), der von gesicherten Prämissen zu einem unanfechtbaren Ergebnis führt (*Zweite Analytiken*); den dialektischen Schluss, der von wahrscheinlichen, d. h. aus guten Gründen geglaubten Prämissen ausgeht und sich häufig im Für und Wider einer Diskussion entwickelt (*Topik*); den Trugschluss, bei dem unklare Prämissen und logische Irrtümer zur Anwendung kommen (*Sophistische Widerlegungen*); den rhetorischen Schluss, der seine Adressaten überzeugen soll und deswegen von allgemein herrschenden Meinungen ausgeht (*Rhetorik*); und schließlich den (bei Aristoteles nicht belegten) poetischen Schluss, der zum Ziel hat, in den Hörern bzw. Lesern eine bestimmte Vorstellung zu evozieren, um aus ihr anschließend die gewünschte Schlussfolgerung ziehen zu können (*Poetik*).

All diese Schlussarten sind für Fârâbî Formen des menschlichen Wissens (natürlich mit Ausnahme des Trugschlusses). Sie geben die verschiedenen Weisen an, in denen sich unsere Rationalität ausdrücken kann. Doch nicht nur das meint er bei der Lektüre der aristotelischen Texte gelernt zu haben. Er geht noch einen Schritt weiter und behauptet, dass jeder Schlussart, die im *Organon* analysiert werde, ein bestimmter Typus von Wissenschaft entspreche. Das gibt Fârâbî die Gelegenheit, die verschiedenen Wissenstraditionen systematisch zu verbinden (via Rückführung auf das *Organon*) und gleichzeitig qualitativ zu trennen (via Zuweisung an verschiedene Teile des *Organons*). Denn die Zuordnungen, die er vornimmt, zeigen, dass seine Differenzierung letztlich auf eine Hierarchisierung hinausläuft: Der demonstrative Schluss, der allein universal gültige Sätze beweisen kann, wird von ihm für die Philosophie reserviert. Der dialektische Schluss, dessen Prämissen immer nur von einem Teil der Menschen (Anhänger einer Religion, Bewohner eines Sprachgebiets usw.) anerkannt werden, gilt als das Kennzeichen der partikularen Wissenschaften (Theologie, Rechtswissenschaft, Sprachwissenschaft usw.). Die rhetorischen und poetischen Schlüsse können schließlich gar keine Wissenschaft begründen; ihr Anwendungsgebiet ist die Religion, d. h. konkret gesprochen der Text der Offenbarung, der die Menschen mit Hilfe von poetischen Vorstellungen und rhetorisch überzeugenden Beispielen zur Wahrheit führen will.

Mit dieser These rückte Fârâbî das *Organon* in den Mittelpunkt der Debatte. Von nun an galt: Wer sich zu Fragen der Philosophie (und später auch: Wer sich zu Fragen der Theologie und der Rechtswissenschaft) kompetent äußern wollte, musste dieses Textcorpus kennen. Das leitete, um es vorwegzunehmen, eine jahrhundertelange intensive Beschäftigung mit der aristotelischen Logik ein. Fârâbî indes verließ sich gar nicht ausschließlich auf dieses eine Argument, das man als wissenschaftstheoretisch bezeichnen könnte. Um seine These von der Hierarchie der Erkenntnisformen abzusichern, stellte er ihm vielmehr eine zweite Begründung an die Seite, die eher von einer historischen Perspektive ausging. Sie findet sich in seinem Buch über *Die Partikeln*. Dort legt er neben anderen originellen Überlegungen einen interessanten Geschichtsentwurf vor. Er soll nachzeichnen, wie die Menschen im Laufe ihrer Entwicklung durch ständiges Differenzieren und Sublimieren ihrer intellektuellen Fähigkeiten die verschiedenen Formen des Wissens ausgebildet haben.

Den Anfang markierte dabei laut Fârâbî die Entwicklung der Sprache. Sie kam dadurch zustande, dass sich die Menschen darauf einigten, wie sie bestimmte Gegenstände und Sachverhalte bezeichnen sollten. Dann entdeckte man die verschiedenen Möglichkeiten, die Sprache zu nutzen. Man unterschied Poesie von Prosa, schlichte Prosa von Rhetorik und beide wieder von der Grammatik, die entworfen wurde, um die inzwischen entwickelten Sprachformen zu reglementieren. Anschließend dehnte man den Gegenstand des Wissens aus. Jetzt entstanden Disziplinen, in denen weitere intellektuelle Fähigkeiten ausgebildet wurden: zuerst die Mathematik und die Physik, in denen bereits die Frage nach den Gründen gestellt wurde; dann die Dialektik, die eine höhere Form des Argumentierens etablierte; anschließend die Politik, die von Platon eingeführt wurde, der in der dialektischen Methode die größten Fähigkeiten besaß. Er wurde nur noch von Aristoteles übertrumpft, dem es gelang, das wissenschaftliche Denken zum Abschluss zu bringen. Denn er zeigte in seinem *Organon* und speziell in seinen *Zweiten Analytiken*, dass man einen Sachverhalt nicht nur verteidigen, sondern unwiderlegbar beweisen kann. Diese Methode ist jedoch nicht allen zugänglich. Deswegen brauchten die Menschen nach Aristoteles noch einen anderen, einfacheren Zugang zur Wahrheit. Er wurde ihnen durch die Religion, d. h., konkret gesprochen, durch die Propheten geschenkt. Sie gründen ihre Aussagen nämlich nicht auf universale Begriffe und apodiktische Beweise, sondern führen ihre Anhänger zur rechten Einsicht, indem sie auf ältere und zugleich anschaulichere Formen des Argumentierens (vor allem Poesie und Rhetorik) zurückgreifen.

Damit war die Rollenverteilung noch pointierter formuliert. Die Religion konnte nicht der Ort sein, um Wahrheiten zu ergründen oder gar zu beweisen. Den Propheten kommt vielmehr die Aufgabe zu, die Wahrheit unter all jenen Menschen zu verbreiten, die zu einer Beweisführung außerstande sind. Zu diesem Zweck benutzen sie Ausdrucksmittel, die jeder versteht. Zu ihnen zählen Analogien, Symbole und Gleichnisse. Denn, so heißt es an einer Stelle des Buches über *Die Partikeln*, «die Religion ... dient zur Unterweisung der großen Menge über die theoretischen und praktischen Dinge, die in der Philosophie deduziert wurden, und zwar derart, dass den Menschen das Verständnis durch Überzeugung (= Rhetorik) oder das Evozieren von Vorstellungen (= Poesie) oder durch beides zusammen erleichtert wird».

Bewiesen wird die Wahrheit (und zwar dieselbe Wahrheit, keine doppelte, wie manchmal unterstellt wurde) allein durch die Philosophie. Sie illustriert ihre Aussagen nicht mit einzelnen Gleichnissen und Symbolen, sondern demonstriert sie am Allgemeinen des Begriffs. Deswegen ist sie auch keine partikulare Wissenschaft, die nur in einem bestimmten Sprach- und Kulturkreis Anerkennung finden könnte (wie Grammatik, Theologie usw.), sondern eine universale Wissenschaft, die überall Gültigkeit besitzt. Allerdings wird die Philosophie nicht auf der ganzen Welt gepflegt, denn laut Fârâbî sind immer nur wenige Menschen in der Lage, sie zu verstehen und weiterzuentwickeln. Das geschah zunächst in Griechenland, wo Platon und Aristoteles wirkten und die entscheidenden Weichenstellungen vornahmen. Ihre Nachfolger setzten die Tradition fort, wobei sich der geographische Schwerpunkt im Laufe der Zeit nach Alexandria verlagerte. Aber mittlerweile wird auch dort nicht mehr philosophiert. Die Philosophie hat nämlich inzwischen einen anderen Standort. Sie ist laut Fârâbî, der hier historische Informationen mit selbstlegitimatorischen Absichten verbindet, «von Alexandrien nach Bagdad» gewandert und hat im Zentrum der islamischen Welt eine neue Heimat gefunden.

Unter dieser Prämisse konnte Fârâbî auch die anderen Teilgebiete der Philosophie selbstgewiss entwickeln. Sie fügen sich in seiner Darstellung zu einem Gesamtbild, das den Anspruch, das erste philosophische «System» in arabischer Sprache zu sein, deutlich manifestiert. Grundlegend ist dabei die Idee der hierarchischen Ordnung. Sie soll in analoger Weise auf drei Ebenen vorliegen: im Kosmos; im einzelnen Menschen; und in der zwischen beiden vermittelnden staatlichen Gemeinschaft, deren Bedeutung Fârâbî so hoch einschätzte, dass er sein Hauptwerk *Die Prinzipien der Ansichten der Bürger eines vorzüglichen Gemeinwesens* genannt hat.

Die kosmische Ordnung nimmt ihren Ausgang von Gott. Er wird ganz aristotelisch als vollkommener, sich selbst denkender Geist beschrieben. Allerdings meint Fârâbî im Unterschied zu Aristoteles, dass das göttliche Denken nicht nur reflexiv, sondern auch produktiv sei. Aus ihm geht nämlich von Ewigkeit her ein Intellekt hervor. Sein Denken richtet sich auf zwei Objekte und hat folglich zwei Effekte. Er erkennt Gott und lässt dadurch einen weiteren Intellekt entstehen, und er erkennt sich selbst, was zur Entstehung der äußersten, gestirnlosen Himmelssphäre führt. Dieser Vorgang wiederholt sich, bis eine Reihe von zehn Intellekten vorliegt. Sie gibt Fârâbî die Möglichkeit, sämtliche Himmelssphären, die im ptolemäischen Weltbild vorausgesetzt wurden (neben der gestirnlosen Sphäre die Fixsterne, Saturn, Jupiter, Mars, Sonne, Venus, Merkur und Mond), einem kosmischen Intellekt zuzuordnen (unter Auslassung des ersten, «reinen» Intellekts). Die Sphären sind es auch, die mittelbar die (als urewig und notwendig gedachte) Entstehung der Welt auslösten. Ihre Kreisbewegungen und die dabei freigesetzten Kräfte führten nämlich zur Bildung einer sublunaren Materie. Die unmittelbare Ursache unserer Welt ist jedoch der zehnte Intellekt. Denn er spendete der gestaltlosen Materie die Formen und dirigiert auch weiterhin die Geschehnisse auf der Erde. Insbesondere ist er der Lenker unserer Erkenntnis, weshalb er von Fârâbî mit dem aktiven Intellekt des Aristoteles identifiziert wird.

Der Hierarchie, die sich im Kosmos zeigt, entspricht die Hierarchie der Fähigkeiten des einzelnen Menschen. Sie wird von Fârâbî ebenfalls beschrieben, wobei er allerdings keine neuen Beobachtungen oder Konzepte vorträgt, sondern sich im Wesentlichen an die traditionellen Unterscheidungen zwischen den verschiedenen Vermögen der Seele (Intellekt, Vorstellungskraft, Gedächtnis usw.) und den Organen des Körpers hält. Die größte Aufmerksamkeit findet dabei der Intellekt, der alle anderen Fähigkeiten leitet. Er wird in einer eigenen Abhandlung (*Über den Intellekt* oder auch *Über das Denken*) untersucht, die schon deswegen interessant ist, weil sie erneut aufschlussreiche Beobachtungen über die verschiedenen Sprachebenen und Argumentationsformen der Menschen enthält (philosophischer, theologischer und allgemeiner Gebrauch des Wortes «Denken» usw.). Im Kern folgt Fârâbî jedoch der Intellektlehre Kindîs. Denn auch er meint, dass sich beim Denkvorgang vier Aspekte unterscheiden lassen. Sie lauten – in Abwandlung bzw. in Vertiefung der vier Stufen, die Kindî differenziert hatte: der potentielle Intellekt, d. i. das allen Menschen eigene Vermögen zu denken; der aktuelle Intellekt, der schon mit den Prinzipien der Wissenschaften vertraut ist und aus den körperlichen Dingen die Wesensformen abstrahiert hat; der erworbene Intellekt, d. i. die höchste Erkenntnisstufe des Menschen, auf der auch die getrennten Wesenheiten (z. B. die himmlischen Intellekte) erfasst und die Ursachen des Seins durchschaut werden; und schließlich der aktive Intellekt, der, wie wir schon sahen, mit dem zehnten kosmischen Intellekt identifiziert wird. Er schenkt unserer Seele die Erkenntnis, so wie die Sonne das Licht spendet. Zugleich liegt in ihm die Verheißung des menschlichen Glücks, da er es zulässt, dass sich die Seelen, wenn sie die Stufe des erworbenen Intellekts erreicht haben (wofür es allerdings, wie wir gleich sehen werden, politische Voraussetzungen gibt), mit ihm vereinen.

Dieser letzte Punkt leitet über zu den Betrachtungen über die staatliche Gemeinschaft. Denn nach Fârâbîs Vorstellung hängt die Entscheidung darüber, ob wir das Glück erreichen können, eng mit dem Staat, in dem wir leben, zusammen. Der Grund dafür ist wieder eine strenge Analogie: Auch das Gemeinwesen kennt eine hierarchische Ordnung (deren einzelne Stände von ihm kurz beschrieben werden). Auch das Gemeinwesen kann aber nur gelingen, wenn diese Ordnung von ihrem vortrefflichsten Teil geleitet wird. Wie der Kosmos von Gott gelenkt wird und wie der einzelne Mensch von seinem Intellekt gelenkt werden sollte, muss auch der Staat von jemandem geführt werden, der alle anderen an Weisheit und Tugend übertrifft. Das gilt insbesondere für den Staatsgründer. Er sollte idealerweise zugleich Philosoph (wie es Platon gefordert hatte) und Prophet (wie es die islamische Welt erlebt hatte) sein. Als Philosoph besitzt er nämlich höchstes Wissen und reine begriffliche Erkenntnis. Als Prophet ist er imstande, diese Erkenntnis auch an die Bewohner des Staates weiterzugeben, indem er sein Wissen in poetische Bilder und rhetorische Gleichnisse kleidet. Ist das der Fall, erfahren die Bürger die Wahrheit und führen ein gerechtes Leben. Auf diese Weise aktualisieren sie ihren potentiellen Intellekt und können darauf hoffen, dass ihnen ewige Glückseligkeit zuteil wird. In allen anderen Fällen ist dagegen die Perspektive, die Fârâbî aufzeigt, weniger verheißungsvoll. Denn wenn ein Staat von einem unmoralischen Herrscher gelenkt wird, laufen die Bürger Gefahr, selbst unmoralisch zu werden und ewige Strafe auf sich zu ziehen. Und wenn im Staat die schlichte Unwissenheit herrscht, aktualisiert niemand seinen potentiellen Intellekt, so dass alle damit rechnen müssen, dass ihre Seelen nach dem Tod vergehen werden.

5. Die Verbreitung philosophischer Kenntnisse

Mit Fârâbîs Entwurf erhielt die Philosophie im islamischen Kulturkreis eine eigene Begründung. Das dürfte wesentlich dazu beigetragen haben, dass sie seit der Mitte des 10. Jahrhunderts eine größere Resonanz in den Kreisen der Gelehrten und der Literaten fand. Der Prozess der griechisch-arabischen Übersetzungen ging zwar um diese Zeit zu Ende. Aber das geschah nicht, weil die philosophischen Texte keine Leser mehr gefunden hätten. Der Grund für das nachlassende Interesse an der Erschließung des antiken Erbes (das sich auch in der Astronomie, Mathematik, Medizin usw. beobachten lässt) wird eher darin zu suchen sein, dass inzwischen genügend neue und perspektivenweisende Schriften in arabischer Sprache verfügbar waren.

Manche dieser Werke standen noch unter dem Einfluss Kindîs. Ihm war es zwar nicht gelungen, eine Schule im engeren Sinne zu begründen. Doch er fand Nachfolger, die seine Ideen aufgriffen und einem größeren Publikum bekannt machten. Zu ihnen zählte Ahmad ibn at-Taiyib as-Sarakhsî (gest. 899). Er wirkte – wie sein Meister – lange Zeit als Erzieher am Kalifenhof und konnte sich in zahlreichen Wissenschaften (Philosophie, Astronomie, Geographie, Musik u. a.) auszeichnen. Ein anderer Adept war der in Ostiran ansässige Abû Zaid al-Balkhî (gest. 934). Er gilt gemeinhin als ein Spezialist auf dem Gebiet der Geographie. Aber Balkhî war ebenfalls ein universaler Gelehrter, der Kindîs Denken bei einem Studienaufenthalt in Bagdad kennen gelernt hatte und anschließend vieles zu dessen Verbreitung in seiner iranischen Heimat beitrug. Dort begegnen uns noch bis in das 11. Jahrhundert hinein Kindîaner. Als treuester von ihnen darf wohl Abû l-Hasan al-ʿÂmirî (gest. 992) gelten. Er verteidigte in mehreren umfangreichen Werken (*Die Darlegung der Vorzüge des Islams, Die Frist bis zur Ewigkeit* u. a.)

Kindîs charakteristischste These, der zufolge die Philosophie nur eine Ergänzung zum geoffenbarten Wissen der Propheten darstellt. Aber auch andere Denker, die sich nicht mit dieser Konsequenz hinter den Meister stellten, scheinen von seinen Ideen inspiriert worden zu sein. Das gilt sogar noch für Miskawaih (gest. 1030), dessen bekannte und viel gelesene Schrift über die Ethik (*Die Läuterung des Charakters*) Kindîs Vorstellungen über die Erziehung und Reinigung der Seele aufgreift.

Eine andere Reihe von Autoren rankt sich um Fârâbî. Er war ja ohnehin kein isolierter Forscher, sondern arbeitete viele Jahre mit einer Gruppe von Aristotelesübersetzern und -interpreten zusammen, die man als die Schule von Bagdad bezeichnen kann. Sie bestand lange fort. Die Reihe der Mitwirkenden lässt sich bis in das 11. Jahrhundert verfolgen. Auffällig ist dabei, dass die Mehrzahl von ihnen stets aus dem christlichen Milieu stammte. Das gilt, wie wir schon sahen, für Fârâbîs Lehrer, aber es gilt auch für seine Schüler. Der prominenteste unter ihnen war Yahyâ ibn ʿAdî (gest. 974), ein Jakobit, der die logischen Studien seiner Vorgänger fortsetzte und mit Überlegungen zur Physik ergänzte. Nach ihm begegnen uns mehrere Gelehrte, die diesem Programm – mit durchaus unterschiedlichen Akzenten im Einzelnen – folgten. Zu ihnen zählten u. a. der hoch gebildete Muslim Abû Sulaimân as-Sidjistânî (gest. um 985), der auch Elemente aus Kindîs Lehre aufgriff und Kontakte zu Abû Haiyân at-Tauhîdî (gest. 1021), dem führenden Literaten der Hauptstadt, unterhielt; die Jakobiten ʿÎsâ ibn Zurʿa (gest. 1008), ein Logik-Spezialist, und Ibn as-Samh (gest. 1027), der sich vorwiegend mit der aristotelischen *Physik* auseinander setzte; und schließlich Ibn at-Taiyib (gest. 1043), ein nestorianischer Gelehrter, mit dessen ausführlichen, sehr eng an ihre griechischen Vorbilder angelehnten Kommentaren zum *Organon* die Bagdader Schule ihren Abschluss fand.

Außerhalb dieser klar umrissenen Traditionslinien regte sich ebenfalls philosophisches Interesse. Am deutlichsten geschah das bei den Ismâʿîliten, d. h. den Anhängern der Siebener-Schia (so bezeichnet, weil sie an die Wiederkehr des siebten Imams, Muhammad ibn Ismâʿîl, glauben), die ihre theologischen und kosmologischen Vorstellungen vom 10. Jahrhundert an am Neuplatonismus ausrichteten. Was sie auf diese Weise entwickelten, wird man nicht als Philosophie im engeren Sinn bezeichnen können. Es war eher der (erfolgreiche) Versuch, eine minoritäre religiöse Position durch Anleihen bei der Philosophie zu einem umfassenden spekulativen Entwurf auszubauen. Gleichwohl sind die Texte interessant. Außerdem spiegeln sie auf ihre Weise die einzelnen Schritte, die uns bislang in der Entwicklung der Philosophie begegneten. Muhammad an-Nasafî (gest. 942), der erste neuplatonisch orientierte Ismâ'îlit, legte noch einen Entwurf vor, der in manchem an frühe Texte wie die Metaphysik Kindîs (*Über die Erste Philosophie*) oder die *Theologie des Aristoteles* erinnert. Abû Ya'qûb as-Sidjistânî (gest. um 1000) baute diesen Entwurf zu einem komplexeren und vielschichtigeren Gedankengebäude aus. Hamîdaddîn al-Kirmânî (gest. nach 1020) schließlich führte die älteren Ideen nicht nur in einem breit angelegten System zusammen, sondern nahm dabei gleichzeitig Anregungen aus der neueren Philosophie, insbesondere aus der Kosmologie Fârâbîs auf.

In den Umkreis der Ismâ'îlîya gehört noch ein weiteres Dokument, vermutlich aus der zweiten Hälfte des 10. Jahrhunderts. Gemeint ist das umfangreiche Textcorpus, das unter dem Titel *Die Schriften der Lauteren Brüder* von Basra berühmt geworden ist. Wie diese Texte historisch einzuordnen sind, ist bis heute umstritten. Manche halten sie für die offizielle ismâ'îlitische Lehre. Andere bestreiten diesen Zusammenhang und meinen, die Schriften seien von «neuplatonischen Philosophen» unbekannter Provenienz verfasst worden. Wieder andere plädieren dafür, dass ihre Autoren zu den ismâ'îlitischen Dissidenten im Irak gehörten, die sich von den offiziellen Führern der Bewegung (inzwischen die Fatimiden-Dynastie in Nordafrika) gelöst hatten und deswegen eine eigene spekulative Weltdeutung präsentieren mussten. In jedem Fall gehört das Textcorpus in den Bereich der populären Philosophie. Denn seine Autoren verfolgten vornehmlich zwei Ziele: Sie wollten die Leser in die verschiedenen Gebiete der Philosophie einführen (daher die formale Gestaltung des Werkes als Enzyklopädie) und gleichzeitig ihre eigene, «höhere» Weltanschauung propagieren (daher der Initiationscharakter des Werkes). Beides geschah auf anschauliche Weise, so dass es nicht verwundern kann, wenn diese Abhandlungen später in weiten Teilen der Ismâ'îlîya auf große Resonanz stießen.

Das Textcorpus gliedert sich in 52 einzelne Schriften. Die ersten 14 behandeln die Mathematik (inklusive kosmischer Zahlenspekulationen), die philosophische Propädeutik (Einteilung der Wissenschaften, Ethik) und die Logik. Die nächsten 17 sind der Physik gewidmet, worunter nicht nur die aristotelische Naturlehre, sondern auch ein von Geheimwissenschaften (Alchemie, Astrologie, Magie) durchdrungenes Weltbild zu verstehen ist. Dann folgen 10 Kapitel über den Intellekt und die Seele (mit Betrachtungen über Gestirnzyklen, die Kausalität und die Auferstehung). Abschließend wird die Theologie mitsamt dem geoffenbarten Wissen, der Frage des Imamats und der Lehre von der Erlösung dargestellt (Abhandlung 52 über die Magie ist umstritten).

Die Kenntnisse, die dabei ausgebreitet werden, sind stupend. Sie umfassen sowohl im Bereich der Philosophie (Neuplatonismus, Aristotelismus, Neupythagoreismus) als auch im Hinblick auf die Religionen (islamisches, jüdisches, christliches Schrifttum) ein breites Spektrum. Insofern hat es durchaus seine Berechtigung, wenn das Gesamtwerk als eine Enzyklopädie des Wissens vorgestellt wird. Gleichwohl war die Absicht der Verfasser nicht die wissenschaftliche, an strenger Methodik orientierte Unterweisung. Ihnen ging es vielmehr darum, ihren Adepten einen Heilsweg zu vermitteln, der von vornherein festgelegt war. Wer ihn beschritt, zeigte «Einsicht». Wer ihn zu Ende ging, gewann «Weisheit». Diese «Weisheit» trägt ismâ'îlitische Züge, weshalb die historische Einordnung der *Schriften der Lauteren Brüder* an dieser Gruppierung nicht vorbeigehen kann. Gleichwohl ist das Verfahren nicht neu und die dahinter stehende Haltung nicht spezifisch ismâ'îlitisch. Denn auch für die Popularisierung und Instrumentalisierung der Philosophie lassen sich Vorbilder in der Spätantike finden. Bedenkt man das Gewicht, das der Text dem pythagoreischen Gedankengut und den Vorstellungen von kosmischer Sympathie (Astrologie) und geheimer Naturlehre (Alchemie, Magie) gibt, so liegt es nahe, dabei die syrische Tradition des Neuplatonismus/Neupythagoreismus, die an Jamblich anknüpfte, in Betracht zu ziehen.

6. Ein neues Paradigma: Avicenna

Trotz der größeren Aufmerksamkeit, die der Philosophie seit der Mitte des 10. Jahrhunderts unter Gebildeten und Literaten zuteil wurde, war ihre Stellung innerhalb der islamischen Gesellschaft noch nicht gesichert. Denn keinem der Autoren, die zu dieser Zeit philosophische Texte verfassten, gelang es, ein breiteres Publikum und vor allem die religiösen Gelehrten davon zu überzeugen, dass seine Überlegungen für die Wahrheitssuche und die Erlangung des menschlichen Glücks unerlässlich seien. Kindîs Anhänger konnten diesen Nachweis nicht mehr erbringen (sofern sie überhaupt von der Unerlässlichkeit der Philosophie überzeugt waren). Ihr Einfluss beschränkte sich inzwischen – von Miskawaihs populärer Schrift über die Ethik abgesehen – auf den nordöstlichen Teil Irans. Die Ismâʿîliten kamen als Träger einer breiten philosophischen Bewegung erst recht nicht in Frage. Sie gewannen zwar Anhänger in zahlreichen Regionen der islamischen Welt; aber die Tatsache, dass ihre Doktrin zunehmend Anleihen aus der Philosophie enthielt, machte letztere in den Augen der sunnitischen Mehrheit der Muslime eher suspekt. Und selbst Fârâbîs Nachfolgern gelang es nicht, ein anhaltendes Interesse für ihre Wissenschaft in größeren Teilen der Gesellschaft zu wecken. Sie wirkten zwar in Bagdad und pflegten dort ihre Studien auf einem beeindruckenden Niveau. Aber der Gegenstand ihres Nachdenkens war nicht die Philosophie in ihrer Gesamtheit oder auch nur der ganze Entwurf, den Fârâbî vorgelegt hatte, sondern eine Reihe von Spezialfragen (wie erwähnt, insbesondere aus den Gebieten der Logik und der Physik), die eher mit Blick auf die Verästelungen der aristotelischen Tradition als in der Auseinandersetzung mit den zeitgenössischen intellektuellen Herausforderungen diskutiert wurden.

Hinzu kam, dass man an Fârâbîs Entwurf selbst einige kritische Fragen richten konnte. Er hatte zwar dafür plädiert, dass die Philosophie auch und gerade in einer islamischen Umgebung gepflegt werden sollte. Aber dieses Plädoyer war mit Aussagen verbunden, die bei manchem muslimischen Betrachter Irritationen auslösten.

Problematisch war beispielsweise das enorme Gewicht, das Fârâbî dem Staat und vor allem dem Staatsgründer bei der Frage nach dem künftigen Heil der Menschen eingeräumt hatte. Das erklärte sich natürlich damit, dass er in der politischen Philosophie dem Erbe Platons folgte. Aber man konnte sich dennoch fragen, ob ein solches Konzept in einer Zeit, da die islamische Welt zunehmend destabilisiert wurde und unter den Einfluss von Lokalfürsten und Kriegsherren geriet, ein überzeugender Beitrag zur Lebensorientierung war (es sei denn, man verstand das Insistieren auf der Bedeutung des Staates als Herrschaftskritik oder als Utopie). Problematisch war umgekehrt, wie wenig Aufmerksamkeit Fârâbî der Metaphysik (sowohl der Ontologie als auch der Theologie) und der Frage nach dem einzelnen Menschen (die üblicherweise im Rahmen der Seelenlehre abgehandelt wurde) widmete. Zum ersten Thema bot er einen kosmologischen Entwurf; aber dieser ließ sich kaum mit der islamischen Schöpfungslehre versöhnen. Zum zweiten lieferte er eine subtile Analyse des Intellekts; aber sie wurde, wie bereits erwähnt, dadurch relativiert, dass der denkende Mensch seine Glückseligkeit nicht (oder nicht nur) der individuellen Erkenntnis, sondern der Einsicht und Integrität des Staatsgründers bzw. des Staatslenkers verdanken sollte. Außerdem konnte man bezweifeln, ob die radikale Trennung, die Fârâbî zwischen universaler Philosophie und partikularer Religion/Theologie etabliert hatte, wirklich zu ihrem Ziel führte. Sie diente natürlich dazu, das Spezifikum der philosophischen Wissenschaft herauszustellen und den ihr eigenen umfassenden Geltungsanspruch methodisch abzusichern. Gleichzeitig beschnitt das Konzept aber eine Kompetenz, die es eigentlich erweisen sollte. Denn die Trennung hatte zur Folge, dass die Philosophie – trotz ihres Anspruchs auf Universalität und auf die umfassende Klärung aller Phänomene – bestimmte Bereiche der Wirklichkeit, die für Gläubige besonders wichtig waren, kaum mehr wahrnahm. Das zeigte sich schon bei der Frage der Prophetie, die von Fârâbî unter einem eingeschränkten, politischen Blickwinkel betrachtet wurde, und setzte sich fort bei anderen Themen (Inspiration, Gotteserfahrung, kontingente Seinserfahrung, persönliche Verantwortung vor Gott usw.), die bei ihm nahezu ausgeblendet waren.

Solche Mängel diagnostizierte niemand so klar wie Abû ʿAlî ibn Sînâ (um 980–1037; der Avicenna des lateinischen Mittelalters). Er ging deswegen daran, die Frage nach den Aufgaben und Möglichkeiten der Philosophie noch einmal grundsätzlich aufzuwerfen, und tat das in einer Weise, die allen späteren Bemühungen und Auseinandersetzungen um dieses Thema ihren Stempel aufprägte. Dass Avicenna dazu in der Lage war, hing mit seiner enormen Bildung zusammen und mit einer Auffassungsgabe, die schon die Zeitgenossen frappierte. Glaubt man seiner Autobiographie, so deuteten sich beide bereits in seiner Jugend an, als er in Buchara lebte, umfangreiche Studien trieb und all seine Lehrer binnen kürzester Zeit überflügelte. Aber auch später, als er aufgrund politischer Unruhen ein rastloses Leben führen musste und nacheinander verschiedenen iranischen Fürsten als Arzt und Wesir diente, behielt er seine Forschungsinteressen und seine stupende Schaffenskraft und blieb den Wissenschaften stets verbunden.

Das Ergebnis dieses Engagements ist beeindruckend. Das gilt vor allem für die beiden Wissensgebiete, zu denen Avicenna – nimmt man den späteren Erfolg zum Maßstab – die «Standardwerke» in arabischer Sprache verfasst hat. Eines von ihnen ist die Medizin. Zu ihr schrieb er neben verschiedenen kürzeren Traktaten den voluminösen *Kanon der Medizin*, in dem er das Wissen seiner Zeit mit unübertroffener Systematik und didaktischem Geschick zusammenstellte. Die andere Disziplin ist die Philosophie. Sie wurde von Avicenna nicht nur systematisch geordnet und didaktisch präsentiert, sondern neu überdacht und in mancher Hinsicht neu begründet. Das schlug sich in zahlreichen Werken nieder, unter denen zwei an Bedeutung herausragen: 1) *Die Heilung* (entstanden ca. 1020–1027), eine philosophische Summa in vier Teilen (Logik, Physik, Mathematik, Metaphysik), die sich in ihrer Darstellung an die Basistexte des Aristoteles anlehnt (*Kategorien*, *Hermeneutik* usw.); sie wurde später in (unvollständiger) lateinischer Übersetzung zur Grundlage der Avicenna-Rezeption in Europa (unter dem Titel *Liber Sufficientiae*). 2) *Die Hinweise und Mahnungen* (entstanden ca. 1030–1034), ein Text, der ebenfalls als Summa konzipiert ist (diesmal in zwei Teilen: I. Logik, II. Physik und Metaphysik); in ihm werden die Themen jedoch nicht in Anlehnung an das Corpus Aristotelicum, sondern in freier Gedankenführung und mit einer faszinierenden Sprachkraft entwickelt, weshalb diese Schrift mehr noch als *Die Heilung* die Avicenna-Rezeption im islamischen Kulturkreis geprägt hat.

Beide Werke sind in hohem Maße originell, aber Avicenna ging bei seinen Überlegungen natürlich von Konzepten aus, die er bei älteren Autoren kennen lernte. Zu seinen Quellen zählten in erster Linie Aristoteles (wie erwähnt, nahezu das ganze Schriftencorpus, ergänzt durch die *Theologie des Aristoteles*) und dessen Kommentatoren, aber auch Fârâbî, den er trotz der oben erwähnten Bedenken ausdrücklich als Schlüsselfigur in seinem philosophischen Werdegang genannt hat. In der Sekundärliteratur liest man deswegen gelegentlich, zwischen beiden Denkern habe eine große Affinität bestanden. Dabei wird geltend gemacht, dass Avicenna einige markante Konzepte, die Fârâbî entwickelt hatte (z.B. das kosmologische Modell mit den zehn Intellekten), in sein philosophisches System aufnahm. Solche Übernahmen sind unbestreitbar. Fraglich ist nur, in welchem Sinne sie vollzogen wurden und welche Folgerungen sie nahe legen. Bei näherer Betrachtung zeigt sich nämlich, dass Avicenna viele Konzepte, die er aufgriff, in einen neuen Kontext gestellt und anders als sein Vorgänger interpretiert und bewertet hat. Was für Fârâbî zentrale Bedeutung besaß (die politische Philosophie), erwähnt er beiläufig. Was Fârâbî zum konzeptuellen Rahmen seines ganzen Entwurfs erhoben hatte (die Trennung von Philosophie und Religion mit ihren wissenschaftstheoretischen Folgerungen), wird von ihm prinzipiell als Maxime angenommen – und doch in der Durchführung seiner Überlegungen häufig genug souverän überspielt. Vor allem aber rücken die Themen, die Fârâbî zurückgestellt hatte (Ontologie; Theologie; Psychologie, insbesondere die Lehre von der individuellen Seele), bei Avicenna ins Zentrum des Nachdenkens. So entsteht eine neue Philosophie, die in vieler Hinsicht eigene Wege geht.

Die Ontologie Avicennas nimmt ihren Ausgang von der Feststellung, dass nachweislich Dinge existieren. Sie wird nicht, wie bei früheren muslimischen Denkern üblich, mit der Evidenz unserer Sinneswahrnehmung begründet. Vielmehr beruft sich Avicenna schon hier, bei der Grundlegung seiner Überlegungen, auf die Autonomie des Intellekts. Für ihn sind sowohl «Sein» als auch «Ding» *prima intelligibilia*, d. h. apriorische Begriffe, die jeder gesunde Verstand vom Moment der menschlichen Reife an besitzt (er spricht vom «Intellekt mit Disposition»). Fraglich ist nur die Modalität des Seins, das den Dingen eignet. Müssen sie existieren? Oder können sie existieren? Mit anderen Worten: Ist ihr Sein, für sich betrachtet, notwendig, oder ist es nur möglich, wie Avicenna unter Berufung auf die aristotelische *Metaphysik* formuliert? Darauf geben unsere Beobachtungen und Erfahrungen eine Antwort. Sie lehren uns nämlich, dass alle Dinge, die wir mit den Sinnen wahrnehmen können, Veränderungen erfahren. Mehr noch: Jedes von ihnen entsteht, und jedes vergeht. Demnach ist ihre Existenz, für sich betrachtet, nur möglich. Also stellt sich die Frage nach dem Grund ihres Seins, die Avicenna zu seiner nächsten Überlegung, einem Beweis für die Existenz Gottes, führt.

Er geht von der Annahme aus, dass jedes Seiende, dessen Sein als solches nur möglich ist (= A), eine Ursache haben müsse. Diese Ursache (= B) macht die Existenz von A notwendig, indem es ihr ein Übergewicht über die (an sich ebenso mögliche) Nichtexistenz von A gibt. Auch für B gilt aber dieselbe Frage: Es kann, für sich betrachtet, entweder notwendigerweise oder möglicherweise existieren. Im ersten Fall wäre unsere Beweisführung beendet, denn wir hätten Gott, den Notwendig-Seienden, gefunden. Im zweiten Fall müssen wir annehmen, dass es eine weitere Ursache (= C) gibt, die ihrerseits die Existenz von B hervorruft und notwendig macht. Auch hier stellt sich wieder dieselbe Frage. Ja, man kann die gedankliche Operation beliebig oft wiederholen (für D, E usw.). Solange wir nur von Ursachen sprechen, deren Sein, für sich betrachtet, bloß möglich ist, können wir die Tatsache, dass Dinge existieren, nicht wirklich begründen. Es gibt aber nun einmal Seiendes. Folglich gibt es auch eine Ursache, die das Sein aller Dinge, die, für sich betrachtet, nur möglich sind, notwendig macht. Sie muss sich von der Ursachenkette, die wir bis jetzt betrachtet haben, unterscheiden. Denn sie kann in ihrer Existenz nicht auf etwas anderes angewiesen sein, sondern muss von sich aus existieren. Folglich gibt es den Notwendig-Seienden (*wâdjib al-wudjûd*), der alles andere hervorbringt und der in der religiösen Sprache Gott genannt wird.

Mit der Feststellung, dass etwas existiert, ist für Avicenna also die Annahme einer ersten, notwendig-seienden und notwendig-wirkenden Ursache verbunden. Denn nur dann, wenn eine solche Ursache am Ursprung des Seins steht, ist es erklärbar, dass die vielen kontingenten Dinge, die wir in der Welt wahrnehmen, überhaupt existieren. Diese Annahme hat jedoch eine weitere Konsequenz: Sie impliziert nicht nur die Notwendigkeit der Existenz Gottes, sondern besagt auch, dass alles, was von ihm bewirkt wird, mit Notwendigkeit an seine Existenz gebunden ist. Die Dinge, die von ihm hervorgebracht werden, müssen folglich gleichzeitig mit ihm existieren (weil notwendige Wirkungen von ihrer Ursache nicht zu trennen sind). Gott existiert aber von Ewigkeit her, denn er ist ja, wie wir gerade gesehen haben, der Notwendig-Seiende. Also besteht auch die Welt schon immer, da ihr Sein von Ewigkeit her von ihm bewirkt wird.

Diese Folgerung hat Avicenna heftige Kritik eingetragen. Man warf ihm vor, den Aussagen des Korans zu widersprechen und den grundsätzlichen Unterschied zwischen Gott und der Schöpfung zu relativieren. Genau das war jedoch nicht seine Absicht. Seine Überlegungen zielten eher darauf, die ontologische Differenz zwischen Gott und den Geschöpfen herauszuarbeiten und begrifflich schärfer, als das zuvor geschehen war, zu markieren. Gott ist nach Avicennas Auffassung das einzige

Seiende, das notwendigerweise existiert. Das Nichtsein ist in seinem Falle undenkbar, da zu seinem Wesen (als «Notwendig-Seiender») unabdingbar die Existenz gehört. Für alle anderen Seienden gilt dagegen, dass sie auch nicht existieren können. Die Tatsache, dass sie sind, ist nämlich nicht in ihnen selbst begründet, sondern in einer äußeren Ursache, die ihre Existenz notwendig macht. Der Unterschied zwischen Gott und den Geschöpfen liegt demnach nicht in einer zeitlichen Differenz (Ewigkeit versus Zeitlichkeit). Er liegt vielmehr darin, dass ihnen das Sein auf eine je andere Weise zukommt. Bei Gott fallen Wesen und Sein, Essenz und Existenz, zusammen. Bei allen anderen Seienden sind sie dagegen getrennt, weil man aus dem, *was* ein Ding ist bzw. sein kann, nicht darauf schließen kann, *dass* es tatsächlich existiert.

Auch dieses Begriffspaar war nicht neu in dem Sinne, dass Avicenna es als Erster eingeführt hätte. Schon Aristoteles hatte davon gesprochen, dass man zwischen dem Wesen und dem Sein einer Sache unterscheiden könne. Er sah in dieser Distinktion jedoch nur ein Mittel zur gedanklichen Analyse. Sie diente ihm dazu, die verschiedenen Merkmale eines Gegenstandes zu differenzieren, indem wir einmal reflektieren, was er ist, und einmal, dass er existiert. Ontologisch gesehen, hielt Aristoteles hingegen eine solche Unterscheidung für unmöglich. Denn die Ontologie beschäftigt sich ja per definitionem mit dem Seienden. Es liegt in jedem konkreten Ding vor, und zwar auf subsistente Weise. Deswegen sind die konkreten Einzeldinge (die so genannten «ersten Substanzen») für Aristoteles auch keine Wesensformen, die möglicherweise ins Sein gerufen werden. Im Gegenteil: Ihr primäres Merkmal besteht eben darin, dass sie existieren und *vor* allem anderen (dem Begriff, dem Erkenntnisweg und der Zeit nach) *sind*.

Nicht so Avicenna, der das Seiende von einem anderen Standpunkt aus betrachtet. Er setzt zwar ebenfalls voraus, dass Dinge existieren (vgl. oben S. 46). Aber sie sind für ihn nicht primär seiend (also auch keine ersten Substanzen im aristotelischen Sinne), sondern kontingente Entitäten, nach deren Ursprung zu fragen ist. Indem Avicenna dieser Frage nachgeht, entwickelt er eine Unterscheidung, die Aristoteles nicht kannte. Sie trennt kategorisch zwischen zwei Seinsbereichen: dem subsistenten, notwendig-seienden Gott, dessen Essenz seine Existenz impliziert, und den kontingenten, möglich-seienden Geschöpfen, bei denen Essenz und Existenz auseinander fallen. Damit ist eine neue Dichotomie eingeführt, ja überhaupt eine neue Metaphysik begründet. Sie ruht nicht mehr allein auf Vorstellungen, die Aristoteles (und die Neuplatoniker) entwickelt hatten. Vielmehr verbindet sie die traditionelle Seinsanalyse mit konzeptionellen Vorgaben (vor allem der Kontingenzerfahrung und einer theozentrischen Orientierung), die von der islamischen Theologie formuliert worden sind.

Entsprechend groß war das Echo, das Avicennas Metaphysik im islamischen Kulturkreis (und im lateinischen Europa) bei Philosophen wie Theologen auslöste. Darüber ist ein wenig in Vergessenheit geraten, dass von ihm auch wichtige Anregungen zu anderen Teilbereichen der Philosophie ausgegangen sind. Das gilt insbesondere für die Fragen der Psychologie. Sie haben ihn, wie ein Blick auf die Werkliste zeigt, zeit seines Lebens beschäftigt. Dabei versuchte Avicenna immer wieder, die Aufmerksamkeit seiner Leser auf das Thema der rationalen Seele zu lenken, weil aus seiner Sicht alle Grundfragen des Menschseins – die Identität, der Ursprung und die letzte Bestimmung – mit ihr verbunden sind.

Auch in der Psychologie betont Avicenna also die Priorität des Geistigen. Wie seine Ontologie nicht von Sinnesdaten, sondern von apriorischen Begriffen ausging, ist seine Seelenlehre nicht auf der sinnlichen Wahrnehmung, sondern auf einer intellektuellen Gewissheit aufgebaut. Das wird in einer Überlegung, die als das Argument vom «Fliegenden Menschen» berühmt geworden ist, besonders deutlich. Sie findet sich schon in *Die Heilung* und in verschiedenen anderen Texten. Aber sie wird von Avicenna nirgends so anschaulich wie in seinem zweiten Hauptwerk, den *Hinweisen und Mahnungen*, dargestellt. Dort lautet die entscheidende Textpassage:

«Kehre zurück zu dir selbst und überlege ..., ob du deine eigene Existenz leugnen und dich selbst in Abrede stellen kannst. Ich meine nicht, dass dies einem aufmerksamen Betrachter möglich ist. Selbst ein Schlafender oder ein Betrunkener geht seines Wesens/Selbst (*dhât*) niemals verlustig, auch wenn er in seinem Gedächtnis nicht immer eine Repräsentation davon besitzt. (Der Grund dafür ist folgender:) Würdest du dir vorstellen, dein Wesen/Selbst wäre von Anfang an mit einem gesunden Verstand und einer gesunden Disposition (das heißt voll ausgebildet) geschaffen; (würdest du dir weiterhin vorstellen,) es wäre so angeordnet, dass es seine (körperlichen) Teile nicht sehen könnte und dass sich seine Gliedmaßen gegenseitig nicht berührten, sondern getrennt und für einen Moment in der freien Luft aufgehängt wären; dann könntest du feststellen, dass sich dein Wesen/Selbst keiner Sache bewusst ist – außer der Tatsache, dass es existiert.»

An diese Überlegung knüpft Avicenna die Frage, womit wir uns eigentlich wahrnehmen. Es geschieht offenbar nicht durch unsere Sinne, nicht durch eine Handlung, nicht durch den Körper und schon gar nicht durch ein Hilfsmittel, das außerhalb unserer Person liegt. Der Träger unseres Selbstbewusstseins ist vielmehr eine unkörperliche Kraft, die wir als Seele bezeichnen. Sie beherrscht und lenkt unseren Leib; sie ist in uns, und sie ist immer eine. Ja sie ist, wie Avicenna seinem Leser schließlich vor Augen hält, von uns überhaupt nicht zu unterscheiden, denn «sie ist in Wirklichkeit du».

Die Intention des Arguments ist klar: Es zielt darauf, die Existenz eines Wesens/Selbst in jedem Menschen nachzuweisen. Dieses Selbst besteht jederzeit, auch im Schlaf (das ist eine Pointe gegen die Anthropologie der islamischen Theologen) und im Zustand des Rausches, und wird von uns traditionellerweise «Seele» genannt. Mit der Hauptlinie des Arguments verbinden sich aber noch eine Reihe von Implikationen. Denn Avicenna will nicht nur nachweisen, dass wir eine Seele besitzen, sondern auch Auskunft darüber geben, wie sie beschaffen ist. Dazu erfahren wir mehrere, sich ergänzende Bestimmungen. Erstens: Die Seele ist immateriell (denn ihr Nachweis ist nicht an eine sinnliche Wahrnehmung gebunden). Zweitens: Die Seele ist unabhängig vom Körper (und kann folglich auch nach dem

Tod fortbestehen). Drittens: Die Seele ist individuell. Denn sie lässt sich nicht nur bei jedem einzelnen Menschen nachweisen, sondern macht dessen Selbst und damit dessen Individualität aus.

Damit bestätigt sich, dass alles Nachdenken über den Menschen von der rationalen Seele ausgehen muss. Sie markiert seinen «Anfang», denn sie konstituiert ihn als Person und als denkendes Subjekt. Gleichzeitig ist sie der Träger seiner letzten Bestimmung, weil sie sein eigentliches, unzerstörbares Wesen darstellt. Gelingt es ihm im Laufe des Lebens, seine rationale Seele durch Erkenntnisse zu vervollkommnen, so wird er das Ziel, das dem Menschen zugedacht ist, erreichen. Dann wird ihm nämlich die ewige Glückseligkeit zuteil werden – als verdienter Lohn für die individuell erbrachten geistigen Anstrengungen (und nicht als Folge der Tatsache, dass er in einem idealen Staat gelebt hat, wie es Fârâbî suggeriert hatte).

Avicenna hat den Weg der Seele zur vollkommenen Erkenntnis in eindringlichen, teilweise an Kontemplation und mystische Erfahrung gemahnenden Worten beschrieben (insbesondere am Ende der *Hinweise und Mahnungen*). Deswegen wurde ihm von einigen modernen Interpreten unterstellt, zwei verschiedene Lehren vertreten zu haben: eine rationale, an Aristoteles orientierte Philosophie, deren Kulminationspunkt in *Die Heilung* erreicht gewesen sei, und eine «höhere», von Mystik und unmittelbarer Einsicht inspirierte Weisheitslehre, die aufgrund einer späteren Schrift (*Die Östlichen*; der Text ist zum Großteil verloren) als «Östliche Philosophie» bezeichnet wird. Diese Interpretation dürfte inzwischen als überholt gelten. Denn es gibt keine Anzeichen dafür, dass Avicenna zu irgendeinem Zeitpunkt den Rahmen der rational nachvollziehbaren Argumentation verlassen hätte. Richtig ist dagegen, dass er die Möglichkeiten, die dieser Rahmen bietet, auslotete. Das zeigt zum einen die Tatsache, dass er in seinen Werken mit unterschiedlichen Darstellungsformen operierte (syllogistische Beweisführung, «Hinweise», «Mahnungen», Allegorien usw.). Zum anderen wird es deutlich an seiner Erkenntnislehre, die nicht uniform angelegt ist, sondern verschiedene Weisen der Rationalität zulässt.

Eine von ihnen entspricht dem Erkenntnisweg, den wir inzwischen aus der traditionellen Intellektlehre kennen. Hier folgt Avicenna den Vorgaben Kindîs und Fârâbîs (vgl. oben S. 19 f. u. 35), denn er nimmt wie sie vier Stufen des Verstehens an. Allerdings interpretiert er diese Stufen anders. Nach seiner Einteilung müssen nämlich folgende Stadien des Erkenntnisprozesses unterschieden werden: der potentielle Intellekt, d. h., die reine, noch unentwickelte Fähigkeit des Menschen (auch des Kindes) zu denken; der Intellekt mit Disposition, der sich bereits der *prima intelligibilia*, d. h. der «apriorischen» Begriffe (Sein, Ding, Möglichkeit, Notwendigkeit usw.) und der Axiome (Satz vom ausgeschlossenen Dritten usw.) bewusst geworden ist; der aktuelle Intellekt, der auch die *secunda intelligibilia* (zusammengesetzte Begriffe, Beweise usw.) erfasst hat; und der erworbene Intellekt, in dem sich die rationale Seele als aktuell Denkende und vollkommen Wissende realisiert. Damit sind alle vier Stufen (und nicht drei, wie bei Kindî und Fârâbî) dem Erkenntnisweg des einzelnen Menschen zugeordnet. Der aktive Intellekt dagegen, der auch bei Avicenna kosmisch gedeutet ist, wird aus der Reihe der Erkenntnisstadien herausgelöst und ihnen als fünftes Moment (bzw. als leitendes Prinzip) gegenübergestellt.

Daneben kennt Avicenna allerdings noch eine zweite Form des Erkennens. Sie wird von ihm als Intuition (*hads*) bezeichnet, was gelegentlich zu der Annahme geführt hat, hier könne eine nicht-rationale, mystische Schau gemeint sein. Tatsächlich handelt es sich jedoch um die höchste Form der Rationalität. Denn Avicenna gründet sein Konzept auf den aristotelischen Begriff des Scharfsinns (griechisch: *anchinoia*; arabisch: *dhakâ'*). Aus ihm entwickelt er ein Verständnis von Erkennen, das die rationalen Fähigkeiten noch pointierter hervorhebt. Wer Intuition besitzt, soll nämlich mühelos alle Begriffe und alle Beweiszusammenhänge (speziell den Mittelbegriff in einem Syllogismus) erfassen. Er umgeht keineswegs die logischen Operationen, die wir aus dem *Organon* und dessen Kommentaren kennen, sondern durchläuft sie schneller, als es im Regelfall geschieht. So erklärt Avicenna, dass es immer wieder Menschen gibt, deren

Einsichten weit über das Wissen ihrer Lehrer und ihrer Zeitgenossen hinausführen. Zu ihnen zählt er mehrere frühere Philosophen, allen voran Aristoteles, aber durchaus auch sich selbst, wie aus einigen Passagen in seiner Autobiographie hervorgeht.

Das Konzept der Intuition erlaubt Avicenna zudem eine weitere Differenzierung. Sie betrifft das Prophetentum, das in der islamischen Gesellschaft ja ebenfalls als Erkenntnisweg anerkannt war und deswegen in einer Epistemologie, die allen Formen des Wissens Rechnung tragen wollte, Berücksichtigung finden musste. Fârâbî hatte es damit erklärt, dass Propheten eine besonders starke Vorstellungskraft besäßen. Sie erlaube es ihnen, Offenbarungen (d.h. Bilder und Symbole) vom aktiven Intellekt zu empfangen und an ihre Anhänger weiterzugeben. Das war im Rahmen seines Religionskonzepts (vgl. oben S. 32f.) durchaus konsequent, aber es zeugte nicht gerade von besonderer Wertschätzung für die Propheten. Auf diese Weise blieben nämlich ihr Wirken und ihr Einsichtsvermögen auf die Ebene der Vorstellungskraft beschränkt. Avicenna ging deswegen daran, das Verständnis von Prophetie zu erweitern. Dabei lag seine entscheidende konzeptuelle Änderung darin, dass er zwei Ebenen des Prophetentums annahm. Eine von ihnen entspricht dem Vermögen, das Fârâbî geschildert hatte. Gedacht ist also wieder an eine spezielle Ausprägung der Vorstellungskraft, die den Propheten befähigen soll, vom aktiven Intellekt Bilder und Symbole zu empfangen. Die andere Ebene ist dagegen rational. Denn laut Avicenna steht auch der Intellekt des Propheten (d.h. seine rationale Seele) in Verbindung mit dem aktiven Intellekt, der alle geistigen Prozesse anleitet. Folglich kennt der Prophet die Wahrheit nicht nur in Gestalt von partikularen Symbolen und Repräsentationen, sondern auch als Ergebnis von universal gültigen Schlüssen und Beweisen, mithin in jener demonstrativen Form, die von den Philosophen gepflegt wird. Um die Wahrheit zu verstehen, muss er jedoch nicht mühevoll jedes Argument und jeden einzelnen Syllogismus erlernen. Denn er verfügt über Intuition und weiß deswegen – wie die Meister unter den Philosophen – beim ersten

Erfassen, in welchem logischen Zusammenhang eine Aussage steht.

Das Beispiel zeigt sehr schön, wie Avicenna auf die verschiedenen Erwartungen und (religiösen, theologischen, philosophischen) Denkansätze, die er vorfand, eingeht. Er schwankt nicht zwischen ihnen und betrachtet sie auch nicht als gleichwertige Alternativen. Sein konzeptueller Rahmen bleibt immer die Philosophie. Doch diese Philosophie ist, was den Gegenstandsbereich und das Problembewusstsein angeht, nicht exklusiv. Sie bleibt für religiöse Anliegen und theologische Fragestellungen offen. Das ließe sich – von der Prophetie abgesehen – noch an einer Reihe von weiteren Themen nachweisen (Gebet, Traum usw.). Am anschaulichsten dürfte es jedoch sein, wenn man betrachtet, wie sich diese Haltung beim Umgang mit dem Koran bewährt.

Ein schönes Beispiel dafür ist die Art, wie Avicenna Sure 24 Vers 35, d. h. den berühmten «Lichtvers» auslegt. Dort heißt es: «Gott ist das Licht von Himmel und Erde. Sein Licht gleicht einer Nische, mit einer Lampe darin. Die Lampe ist in einem Glas, das (so blank) ist, wie wenn es ein funkelnder Stern wäre. Sie brennt (mit Öl) von einem gesegneten Baum, einem Ölbaum, der weder östlich noch westlich ist, und dessen Öl fast schon Helligkeit gibt, ohne dass überhaupt Feuer daran gekommen ist – Licht über Licht ...» Dieser Vers hat im Laufe der Zeit zahlreiche Auslegungen gefunden. Dabei kann es kaum verwundern, dass unter ihnen auch eine Reihe von mystischen oder esoterischen Deutungen zu finden ist. Für Avicenna ist der Vers jedoch ein «Hinweis» (im Sinne seiner *Hinweise und Mahnungen*) auf unsere Rationalität: Er schildert – in allegorischer Form – die Grundzüge unserer Erkenntnis. Denn jeder Gegenstand, der im Korantext genannt ist, wird von Avicenna so verstanden, dass mit ihm ein wichtiges Element seiner Epistemologie bezeichnet wird: Das «Licht» symbolisiert die Erkenntnis, das «Feuer» den aktiven Intellekt. Die «Lampe» in der «Nische», in der das Licht aufgestellt wird, soll den potentiellen Intellekt des einzelnen Menschen bezeichnen. Damit er leuchten kann, bedarf er eines Öls bzw. eines «Ölbaums», mit dem folglich unser Nachdenken gemeint ist. Und dann ist da noch ein «Öl», das «fast schon Helligkeit gibt, ohne dass überhaupt Feuer daran gekommen ist». Das ist nichts anderes als die Intuition, mit der nach Avicennas Überzeugung, wie wir inzwischen wissen, nicht nur die bedeutenden Philosophen, sondern auch die Propheten ausgezeichnet sind.

7. Eine theologische Reaktion: al-Ghazâlî

Mit Avicennas Entwurf war ein neuer Diskussionsstand erreicht und eine andere Grundlage für künftige Überlegungen gewonnen. Hatte Fârâbî die religiösen Fragen als partikular eingestuft und deswegen weitgehend aus der Philosophie ausgeklammert (vgl. oben S. 31–33); hatten die Theologen seiner Zeit umgekehrt darauf bestanden, dass das rationale Denken der religiösen Überlieferung unterzuordnen sei (vgl. S. 22 mit dem Verweis auf al-Asch'arî und al-Mâturîdî), so legte Avicenna jetzt ein Konzept vor, das als Synthese oder zumindest als ein Angebot zur Integration verstanden werden konnte, weil es die Autonomie der Philosophie beibehielt und gleichzeitig wichtige Themenfelder aus der Theologie aufnahm.

Das entsprach an sich den Erwartungen, die man an die Philosophie richten konnte. Auf diese Weise wurde sie nämlich für Fragen geöffnet, die sich den Muslimen neu stellten, und blieb nicht auf Problemhorizonte, die schon aus den antiken Texten überliefert waren, beschränkt. Gleichwohl entzündete sich an Avicennas Vorgehen heftige Kritik. Denn sein Versuch, der Philosophie eine umfassende Kompetenz zuzusprechen, irritierte all jene, die an den herkömmlichen Zuständigkeiten festhielten und sich ausschließlich einer einzelnen Disziplin verpflichtet fühlten. Deswegen ist es auch nicht verwunderlich, dass von den Vertretern dieser Disziplinen jeweils Attacken gegen Avicennas Konzept ausgingen.

Den Anfang machten die Theologen, deren Kritik noch im 11. Jahrhundert formuliert wurde. Ihr Wortführer war Abû Hâmid al-Ghazâlî (gest. 1111), der zu den herausragenden religiösen Gelehrten seiner Epoche, wenn nicht der gesamten islamischen Geistesgeschichte zählt. Sein Wirken war ausgesprochen vielseitig, denn Ghazâlî verband eine unermüdliche Produktivität mit einem unsteten, teilweise dramatisch anmutenden Leben. Ersteres dokumentiert sich in seinem breiten Œuvre (Theologie, Recht, Sufismus, Paränese, Polemik usw.). Das zweite wird daran deutlich, dass bei ihm Zeiten des öffentlichen Wirkens und Phasen der völligen Zurückgezogenheit abrupt wechselten. Deshalb sah er sich schließlich sogar gezwungen, seinen Lebensweg in einer autobiographischen Schrift (dem berühmten *Erretter aus dem Irrtum*) zu rechtfertigen. All das hat die moderne Forschung schon lange beschäftigt. Dabei wurde zurecht betont, dass in Ghazâlîs Werdegang nicht nur das persönliche Ringen eines Gelehrten, sondern auch die intellektuelle Krise eines Zeitalters zum Ausdruck kamen. Diese Krise hatte verschiedene Gründe, aber die Herausforderung, die von der Philosophie ausging, zählte ohne Zweifel zu den auffälligsten unter ihnen. Sie hatte durch Avicenna eine neue Dimension angenommen, so dass sich Ghazâlî vor eine ausgesprochen ernste Aufgabe gestellt sah.

Wie sehr ihn das Problem beschäftigte, zeigt schon die Tatsache, dass er sich nirgends zu einer abschließenden und umfassenden Stellungnahme durchringen konnte. Ghazâlî versucht nämlich gar nicht, die Philosophie als ganze, in sich geschlossene Wissenschaft zu beurteilen. Stattdessen plädiert er dafür, sie in verschiedene Segmente zu unterteilen und diese Segmente dann unterschiedlich zu bewerten.

Einer der Teile, die er dabei ins Auge fasst, besteht aus der Mathematik und der Logik. Sie werden von ihm ausdrücklich gelobt und ohne Einschränkung geschätzt. Denn Ghazâlî meint nicht nur, dass die Philosophen in diesen Bereichen klare Reflexionen und unwiderlegbare Argumente vortrügen, sondern fordert sogar die religiösen Gelehrten auf, es ihnen gleichzutun. Das gilt speziell für die Logik (d. h. das *Organon*) und innerhalb der Logik wieder für die Beweislehre (d. h. die *Zweiten Analytiken*). Sie sind für Ghazâlî die Grundlage, auf der jede wissenschaftliche Argumentation aufbauen muss. Deswegen verfasst er selbst zwei Handbücher, *Die Richtschnur der Erkenntnis* und *Der Prüfstein des Denkens*, um seine Kollegen in der aristotelischen Logik zu unterweisen. Damit will er erreichen, dass die Theologie (und die Jurisprudenz), methodisch gesehen, auf ein neues Fundament gestellt werden. Sie sollen nicht mehr auf die Anwendung dialektischer Schlüsse beschränkt bleiben – wie es Fârâbî mokant, aber mit einer gewissen Berechtigung unterstellt hatte (vgl. oben S. 31)–, sondern demonstrative Wissenschaften werden, die mit einem umfassenden Beweisanspruch auftreten können.

Ein zweiter Bereich, den Ghazâlî separat behandeln möchte, umfasst die Politik und die Ethik. Sie werden von ihm ebenfalls gewürdigt. Aber hier hält er die Überlegungen der Philosophen nicht unbedingt für originell, sondern eher für allgemein anerkannte Meinungsäußerungen; sie könne man ebenso gut in den Büchern der Propheten, in Weisheitssprüchen und in den Abhandlungen der Sufis finden. Entsprechend einfach glaubt Ghazâlî in diesen Fällen, Gedanken aus der religiösen und der philosophischen Tradition verbinden zu können. Das wird schnell deutlich, wenn er in seinen Schriften auf die genannten Themen zu sprechen kommt. Das auffälligste Beispiel dafür ist sein kleines Handbuch zur Ethik, *Die Waage des Handelns*, in dem er sowohl auf mehrere philosophische Autoren als auch auf ältere sufische Texte zurückgreift.

Wirklich zum Problem wird die Philosophie demnach nur, wenn man sich ihrem dritten Bereich zuwendet. Er besteht aus der Physik und der Metaphysik, die beide geeignet sein sollen, die Menschen in die Irre zu führen. Für die Physik gilt das noch mit gewissen Einschränkungen: Sie könnte eigentlich studiert werden, ohne dass die Prinzipien der Religion Schaden nehmen. Allerdings müsste dann der Grundsatz anerkannt werden, dass die Kräfte in der Natur nicht selbständig agieren, sondern jederzeit Gottes Willen unterworfen sind (was die Philosophen nach Ghazâlîs Ansicht aber nicht tun). In der Metaphysik ist die Situation dagegen vollends prekär. Denn hier werden nicht nur falsche und ungesicherte Prämissen vorausgesetzt (weil die Philosophen nicht von der Offenbarung ausgehen), sondern auch mangelhafte Argumente verwendet (weil die Philosophen sich selbst widersprechen und von ihren eigenen Theorien geblendet sind). Deswegen wird Ghazâlî nicht müde zu betonen, dass er im Gebiet der Metaphysik die meisten und die gravierendsten Irrtümer seitens der Philosophen sieht.

Auch diese Haltung hat ihren Niederschlag in einer eigenen Schrift gefunden. Gemeint ist das Werk über *Die Inkohärenz der Philosophen*, das sicher zu den berühmtesten Schriften Ghazâlîs zählt. Es enthält zwanzig Kapitel, die je einen Irrtum der Philosophen anzeigen und analysieren (sechzehn aus dem Gebiet der Metaphysik, vier aus der Physik). Deswegen heißt es in der Sekundärliteratur häufig, das Werk sei eine umfassende und schonungslose Abrechnung mit der Philosophie. Tatsächlich gibt es aber auch im Rahmen dieses Textes Unterschiede. Denn Ghazâlî beharrt zwar in jedem Kapitel darauf, seinen Kontrahenten einen Fehler nachweisen zu können. Aber weder die Art noch das Ausmaß der Verfehlung, die er ihnen vorhält, sind immer gleich. In drei Fällen erscheint ihm der Irrtum der Philosophen als so gravierend, dass er meint, ihn als «Unglaube» einstufen zu müssen (Kap. 1: Die Welt besteht von Urewigkeit her; Kap. 13: Gott kennt die Einzeldinge nur auf allgemeine Weise; Kap. 20: Der Mensch kann mit der Seele, aber nicht mit dem Leib auferstehen). In neun Fällen genügt Ghazâlî der Vorwurf der «Häresie» (Kap. 2: Die Welt besteht endlos fort; Kap. 3: Die Welt ist nicht geschaffen, sondern durch Emanation entstanden; Kap. 6: Gott hat keine Attribute; Kap. 7: Gott teilt mit nichts anderem das Genus und kann folglich nicht definiert werden; Kap. 8: Bei Gott sind Essenz und Existenz identisch; Kap. 15: Die Bewegung des Himmels unterliegt einem bestimmten, erkennbaren Zweck; Kap. 16: Die Himmelsseelen kennen im Gegensatz zu Gott alle Einzeldinge; Kap. 17: In der Natur ist ein notwendiger Kausalzusammenhang nachweisbar; Kap. 19: Die menschlichen Seelen sind entstanden, aber unvergänglich). In acht weiteren Fällen ist die Kritik noch zurückhaltender. Dort hält er den Philosophen nur vor, sie hätten Richtiges verfälscht oder seien «unfähig», für ihre – an sich richtigen – Ansichten Beweise vorzulegen (Kap. 4: Gott existiert; Kap. 5: Es kann nur einen Gott geben; Kap. 9: Gott ist unkörperlich; Kap. 10: Die Welt muss entstanden sein; Kap. 11: Gott kennt anderes außer sich; Kap. 12: Gott kennt sich selbst; Kap. 14: Der Himmel ist lebendig und gehorcht Gottes Willen; Kap. 18: Die Seele des Menschen ist eine geistige Substanz).

Selbst in *Die Inkohärenz der Philosophen* versucht Ghazâlî also zu differenzieren. Er verwirft die Physik und die Metaphysik der Philosophen nicht als ganze, sondern möchte aufdecken, welche Gefahren und welche Bruchstellen in ihnen enthalten sind. Dieses Verfahren wurde später zum Vorbild für viele Theologen. Dabei blieben sogar die Bewertungskategorien, die Ghazâlî vorgeschlagen hatte, noch lange Zeit aktuell. Auch bei Autoren des 13. oder des 15. Jahrhunderts findet sich nämlich die Unterscheidung zwischen: 1) philosophischen Thesen, die aus theologischer Sicht als unzumutbar galten (in der Regel die drei, die Ghazâlî als «Unglauben» gebrandmarkt hatte); 2) solchen, die korrigiert werden müssten und eine intensive theologische Diskussion erforderten (Ghazâlîs «Häresien», insbesondere die These zur Kausalität); und 3) wieder anderen, die durchaus als akzeptabel betrachtet wurden und sogar Eingang in die theologischen Handbücher fanden (Gott als Notwendig-Seiender, die Geschöpfe als Möglich-Seiende, die Geistigkeit und Substantialität der Seele usw.). Wie sich diese Auseinandersetzung im Einzelnen vollzog, kann hier nicht geschildert werden. Denn der Prozess dauerte lange (wenn man überhaupt ein Ende konstatieren kann) und hatte zahlreiche Facetten, deren Beschreibung nicht in die Geschichte der Philosophie, sondern in die Geschichte der islamischen Theologie gehört. Insgesamt kann man jedoch festhalten, dass Ghazâlîs Vorgehen ein viel beachteter Versuch war, auf Avicenna zu antworten. Denn wenn jener eine Philosophie entwickelt hatte, die ernsthaft auf theologische Anliegen eingehen konnte, so schlug Ghazâlî jetzt den umgekehrten Weg vor. Er suchte nach einer Theologie, welche die methodischen Vorzüge der Philosophie (d. h. die aristotelische Logik) nutzte und von einzelnen überzeugenden Thesen der Philosophen (zur Ontologie, Psychologie und Ethik) profitierte – ohne dabei den Vorbehalt aus den Augen zu verlieren, dass das metaphysische System der Philosophen (mit seiner angeblichen Unabhängigkeit von der Offenbarung und seinen scheinbar unwiderlegbaren Argumenten) inkohärent sei und all jene, die ihm blindlings vertrauten, in die Irre führe.

8. Die Etablierung der Philosophie in Spanien: Ibn Bâdjdja

Ghazâlîs Kritik markierte eine Möglichkeit, auf Avicennas Vorschlag einer umfassenden metaphysischen Konzeption zu reagieren. Sie blieb jedoch nicht der einzige Einwand, der gegen dieses Vorgehen erhoben wurde, sondern wurde von anderen kritischen Stimmen, die eher aus einer philosophischen Perspektive argumentierten, abgelöst. Letztere kamen vor allem aus Spanien. Dort wirkten im 12. Jahrhundert gleich mehrere philosophische Autoren von Rang. Sie bildeten eine eigene, in ihren Überlegungen originelle, hinsichtlich ihrer Dauer aber eher ephemere Traditionslinie. Denn vom 12. Jahrhundert abgesehen, sind uns aus der Feder iberischer Muslime kaum wichtige Beiträge zur Philosophie bekannt.

Ermöglicht wurde diese Blüte allerdings durch eine Entwicklung, die bereits vorher eingesetzt hatte. Soweit wir informiert sind, begannen nämlich schon die Kalifen von Cordoba, die im 10. Jahrhundert regierten, sich für die Verbreitung der Wissenschaften (Mathematik, Astronomie usw.) in ihrem Reich einzusetzen. Bei diesem Rezeptionsvorgang wurden auch philosophische Texte bekannt. Dabei handelte es sich vorwiegend um Werke von Autoren, die im 10. Jahrhundert ein großes Renommee besaßen, allen voran Aristoteles und Fârâbî. Sie mussten auf der Iberischen Halbinsel also nur noch Leser finden. Doch das geschah offenbar nicht mehr im 10. und auch nicht im 11. Jahrhundert – von Sonderfällen wie dem Juristen Ibn Hazm (gest. 1064), der sich für die aristotelische Logik begeisterte, abgesehen. Vielmehr blieb es Ibn Bâdjdja (gest. 1138 oder 1139) vorbehalten, diese Schriften aufzugreifen und in der Auseinandersetzung mit ihnen die Philosophie im islamischen Spanien zu begründen.

Dieser historische Hintergrund erklärt ein wenig die Art, in der Ibn Bâdjdja bei seinen Überlegungen vorging. Denn er entwarf seine Werke zwar im ersten Drittel des 12. Jahrhunderts. Doch was er schrieb, reflektierte nicht unbedingt den Diskussionsstand, der zu dieser Zeit in anderen Regionen der islamischen Welt erreicht war. Offenkundig standen ihm die Schriften Avicennas noch nicht zur Verfügung. Auch Ghazâlîs Vorstellungen, die auf der Iberischen Halbinsel eigentlich rasch bekannt wurden, gingen nur in geringem Umfang in seine Überlegungen ein. Stattdessen orientierte er sich vorwiegend an Fragestellungen, die das 10. Jahrhundert dominiert hatten und deren Konzeptualisierung von Fârâbî und anderen Autoren der Bagdader Schule geprägt worden war.

Das zeigt bereits ein kurzer Blick auf Ibn Bâdjdjas erhaltene Schriften. Sie reflektieren eindeutig den gerade erwähnten Kontext: Sein Buch über *Die Seele* paraphrasiert die traditionelle, noch nicht von Avicennas Interpretation beeinflusste aristotelische Seelen-Lehre; seine *Anmerkungen zur Logik* orientieren sich an den Darlegungen Fârâbîs; und der *Kommentar zur Physik* nimmt das Thema, dem Ibn as-Samh um die Jahrtausendwende in Bagdad eine eigene Schrift gewidmet hatte, wieder auf. Als Denker mit eigenem Profil begegnet uns Ibn Bâdjdja eigentlich nur in zwei der von ihm überlieferten Werke. Gemeint sind *Die Verbindung des Intellekts mit dem Menschen* und *Die Lebensführung des Einsamen*. Sie bewegen sich zwar ebenfalls in dem philosophischen Rahmen, den Fârâbî vorgegeben hatte, führen in ihren Konsequenzen aber erkennbar darüber hinaus.

Die Verbindung des Intellekts mit dem Menschen stellt die Frage nach dem höchsten Ziel unseres Erkennens (d. h. der theoretischen Philosophie) und unseres Handelns (d. h. der Ethik). Die Antwort darauf verrät schon der Titel. Er deutet an, dass unser Streben auf die Verbindung mit dem aktiven Intellekt ausgerichtet sein soll. Wird sie erreicht, so gewinnt der Mensch die Glückseligkeit. Denn Ibn Bâdjdja besteht darauf, dass mit diesem Zustand die höchste, uns zugängliche Seinsstufe erlangt ist. Andere Zielsetzungen, insbesondere die Idee, dass sich die Menschen mit Gott selbst vereinigen könnten, hält er für abwegig – was als deutliche Kritik an den Lehren der Sufis (und im Übrigen auch an Ghazâlî) zu verstehen ist.

Der Weg zur Vollendung führt, wie zu erwarten war, über die rationale Erkenntnis. Sie wird von Ibn Bâdjdja so beschrieben, wie es Fârâbî getan hatte: als Vorgang des Abstrahierens und Verstehens, bei dem der potentielle Intellekt des Menschen sich realisiert und zu einem aktuellen Intellekt wird. In zwei Hinsichten geht er jedoch über die Thesen, die Fârâbî zu diesem Thema vorgetragen hatte, hinaus. Denn einerseits legt Ibn Bâdjdja großen Wert darauf, die geistigen Formen, die der Mensch erkennt, zu differenzieren und in ihrer Unterschiedlichkeit zu beschreiben (die Formen der höheren kosmischen Intellekte; die Form des aktiven Intellekts; die Formen in Materie; die Formen in der Seele). Andererseits macht er zum Erkenntnisvorgang selbst eine folgenschwere Aussage. Denn wenn es den Menschen gelingen sollte, sich mit dem aktiven Intellekt zu verbinden, wenn ihre rationalen Seelen also zu aktuellen Intellekten werden und die Glückseligkeit erreichen – dann sind sie laut Ibn Bâdjdja in einen Zustand gekommen, in dem sich die individuellen Seelen eigentlich nicht mehr unterscheiden. Vielmehr besitzen dann alle dieselbe Vollkommenheit und existieren in enger Verbundenheit miteinander. Ja, in gewisser Weise kann man sogar behaupten, dass die aktualisierten Intellekte der Menschen als *ein* Intellekt im Jenseits fortbestehen.

Diese These sollte nicht ohne Wirkung auf die spätere Epistemologie bleiben. Wie wir bald sehen werden, hat sie vor allem Averroes beeindruckt, der aus ihr die Lehre von der Einheit des potentiellen Intellekts abgeleitet hat. Daneben konnte Ibn Bâdjdja aber auch die philosophischen Überlegungen zur Politik beeinflussen. Das geschah mit dem zweiten wichtigen Text aus seiner Feder, der den Titel *Die Lebensführung des Einsamen* trägt.

Auch dieses Werk beginnt mit Erörterungen, die sich ganz ähnlich bei Fârâbî finden. Wie jener erklärt Ibn Bâdjdja nämlich, dass die ideale Form des menschlichen Zusammenlebens ein tugendhafter und vollkommener Staat mit einem Philosophen an der Regierungsspitze sei. Allerdings scheint der spanische Denker des 12. Jahrhunderts dem Ideal, das Fârâbî im 10. Jahrhundert (im Anschluss an die platonische Tradition) propagiert hatte, nicht mehr zu vertrauen. Denn nachdem er den vollkommenen Staat skizziert hat, beschreibt er ausführlich die Formen von Degeneration, die in einem Staatswesen auftreten können. Dabei hat man nicht den Eindruck, dass er nur die traditionellen Ausführungen seiner Vorgänger zu diesem Thema wiederhole. Vielmehr klingt seine Kritik häufig zeitbezogen und realistisch, was damit zu tun haben könnte, dass Ibn Bâdjdja selbst Erfahrungen in hohen politischen Ämtern gesammelt hat. Ein Problem stellt sich dann allerdings, und es hat für das Selbstverständnis des Philosophen eine immense Bedeutung. Denn wenn er sich eingesteht, dass seine Ideen keinen Einfluss auf die Gemeinschaft besitzen, muss er sich fragen lassen, wohin seine Überlegungen und sein gesamter Lebensentwurf überhaupt führen. Darauf antwortet Ibn Bâdjdja mit einer Alternative: Entweder sollen die Philosophen versuchen, wie «Unkraut» in ihren Staaten zu wirken und auf diese Weise Entwicklungen anzustoßen, die vielleicht später einmal eine Verbesserung der Gemeinschaften ermöglichen. Oder sie ziehen sich ganz aus dem öffentlichen Leben zurück, werden zu Fremdlingen in dieser Welt und «reisen im Geiste zu anderen Wohnungen, welche für sie die Heimat sind».

Das klingt endgültig pessimistischer als bei Fârâbî. Denn Fârâbî hatte zwar ebenfalls die verschiedenen Formen von korrupten Staaten geschildert. Aber das änderte nichts daran, dass bei ihm der Akzent auf dem Ideal und auf den *Prinzipien der Ansichten der Bürger eines vorzüglichen Gemeinwesens* (vgl. oben S. 35 f.) lag. Anders nun Ibn Bâdjdja. Für ihn scheint der vollkommene Staat nur noch eine realitätsferne Hoffnung zu sein. Deswegen versucht er auch gar nicht mehr, die Glückseligkeit des Menschen damit zu sichern, dass er ihn an einer idealen politischen Gemeinschaft teilhaben lässt. Seine Lösung zielt auf das Individuum. Das wird letztlich aus beiden Werken, die wir gerade betrachtet haben, deutlich. Sie ergänzen sich nämlich und geben all jenen, die auf die Philosophie setzen, denselben Ratschlag: Sie sollen die *Lebensführung des Einsamen* wählen und auf diese Weise versuchen, die *Verbindung des Intellekts mit dem Menschen* zu erreichen.

9. Der Versuch einer Synthese: Ibn Tufail

Dieser Ratschlag fand Gehör bei den Autoren, die auf Ibn Bâdjdja folgten. Das zeigt sich schon beim nächsten Philosophen, der uns auf der Iberischen Halbinsel begegnet, Abû Bakr ibn Tufail (gest. 1185). Er hatte eigentlich keinen Grund, sich über die politischen Verhältnisse in seiner Heimat (d. h. über die Herrschaft der Almohaden, die sich über Marokko und weite Teile Spaniens erstreckte) zu beklagen. Denn Ibn Tufail profitierte zeit seines Lebens von ihnen: zunächst als Mediziner und Sekretär in Granada, dann in gleicher Funktion in Ceuta und Tanger, und schließlich sogar als Leibarzt des Sultans in Marrakesch. Trotzdem war er nicht bereit, dem Staat eine wichtige Rolle bei der Glückssuche des Menschen zuzusprechen. Im Gegenteil: In seinen Überlegungen verstärkt sich noch die Tendenz, den Lebensweg des Philosophen vom Leben in der Gemeinschaft abzulösen. Denn während Ibn Bâdjdja nur gemeint hatte, man solle sich in schwierigen Zeiten bzw. in korrupten Staaten von der Politik fernhalten, erklärt Ibn Tufail jetzt, der Rückzug aus der Öffentlichkeit sei grundsätzlich ein anzustrebendes Ideal.

Das demonstriert eindrücklich die einzige Schrift, die wir aus seiner Hand besitzen. Gemeint ist ein kurzer, aber viel gelesener Roman mit dem Titel *Der Lebende, Sohn des Wachenden* (*Haiy ibn Yaqzân*). Er schildert anschaulich, wie ein Mensch (namens Haiy ibn Yaqzân) von Kind auf alleine auf einer tropischen Insel aufwächst. Dabei kommen viele Beobachtungen (auch psychologische und pädagogische) zur Sprache, die man in einem philosophischen Werk nicht unbedingt erwarten würde. Gleichwohl verfolgt Ibn Tufail mit seinem Text ein klar definiertes Ziel. Ihm geht es darum, die Autonomie des menschlichen Intellekts zu erweisen. In diesem Sinn beschreibt er, wie Haiy ibn Yaqzân Schritt für Schritt – ohne Anleitung durch einen Lehrer oder durch einen Propheten – die ihn umgebende Welt versteht und schließlich bis zu den höchsten Erkenntnissen, die einem Menschen möglich sind, vordringt.

Die Darstellung umfasst insgesamt einen Zeitraum von fünfzig Jahren. Ibn Tufail gliedert jedoch seine Ausführungen, indem er je sieben (oder vierzehn) Jahre in der Entwicklung seines Helden zusammenfasst und ihnen einen bestimmten Erkenntnisfortschritt zuweist. So stehen die ersten sieben Jahre ganz im Zeichen des kindlichen Entdeckens. In dieser Zeit wird Haiy von einer Gazelle, die sich seiner annimmt, aufgezogen und in elementare Empfindungen (Zuneigung, Solidarität) und Überlebensstrategien (Nahrungssuche, Selbstverteidigung) eingeführt. Die zweite Phase (bis zum Alter von 21) gibt ihm bereits die Gelegenheit zu eigenen Erkenntnissen. Sie sind meist praktischer Art (Bau einer Höhle, Entdeckung des Feuers). Doch Haiy gewinnt auch schon erste theoretische Einsichten, so etwa, als er beim Tod der Gazelle feststellt, dass Lebewesen nicht nur einen Körper, sondern auch einen Geist, der sie beim Tod verlässt, besitzen (gemeint ist ein Pneuma). Der dritte Abschnitt (bis zum Alter von 28) steht im Zeichen der Logik und der Physik. Jetzt lernt Haiy, Individuen von Arten, Form von Materie und Wirkungen von Ursachen zu unterscheiden. Damit wird der Weg frei für zwei entscheidende Entdeckungen: Der Begriff der Form führt ihn zum Konzept der Seele; und die Entdeckung der Kausalität führt ihn zu der Annahme, dass die gesamte, ihn umgebende Natur auf eine oberste Ursache zurückgehe. Auf dieser Grundlage kann er im nächsten Lebensabschnitt (bis zum Alter von 35) Gott erkennen. Dabei hilft ihm die Kosmologie. Denn die Betrachtung der Himmelskörper lässt ihn begreifen, dass der Urheber all dieser majestätischen Abläufe allmächtig, allwissend und barmherzig sein muss. Nach dieser Einsicht kennt Haiy nur noch ein Ziel. Er will dem vollkommenen Wesen, das Himmel und Erde geschaffen hat, näher kommen. Deswegen versucht er in seiner nächsten Lebensphase (bis zum Alter von 50), sich durch spirituelle Übungen von seiner Bindung an die sinnliche Welt zu lösen. Auch das gelingt. Denn schließlich schaut Haiy «was kein Auge gesehen, kein Ohr gehört und keines Menschen Herz je vernommen hat» (von Ibn Tufail als Prophetenhadith zitiert; vgl. 1 Korinther 2,9). Davon überwältigt, will er sich fortan nur noch der Anschauung Gottes widmen und den Zustand der Glückseligkeit nicht mehr verlassen.

An dieser Stelle könnte der Roman eigentlich enden. Doch Ibn Tufail entlässt uns nicht mit dieser verheißungsvollen Perspektive, sondern fügt seiner Schilderung noch einen Epilog an. Jetzt heißt es, auf einer zweiten, benachbarten Insel lebe eine fromme (d. h. muslimische) Gemeinschaft. Sie tritt mit Haiy in Kontakt, als dieser fünfzig Jahre alt ist und den Zustand der vollkommenen Erkenntnis erreicht hat. Haiy freut sich über die unerwartete Begegnung und beginnt sofort, über die Fragen, die ihn seit langem beschäftigen, zu diskutieren. Dabei stellt sich heraus, dass die Bewohner der Nachbarinsel in allen wesentlichen Punkten (Existenz Gottes, Geschaffenheit der Welt, Bestimmung des Menschen) mit den Erkenntnissen, die er alleine gewonnen hat, übereinstimmen. Das kann indes die Unterschiede in den Einzelheiten nicht überdecken. Denn Haiy hat die Wahrheit, von der er spricht, immer unverhüllt erkannt. Die fromme Gemeinschaft hingegen verdankt ihr Wissen lediglich den Anweisungen und den Symbolen, die ihr einstmals von einem Propheten mitgeteilt wurden. Die letzte Botschaft des Romans lautet deswegen, es gebe verschiedene Wege zum Heil, denn man müsse die Menschen nach ihren Verständnismöglichkeiten unterscheiden. Die meisten sind der Spekulation abhold. Sie begnügen sich mit bildhaften Darstellungen, wie sie die religiöse Überlieferung anbietet. Für wenige andere gilt dagegen, dass sie erst dann ihren Frieden finden, wenn sie die reine Wahrheit erkannt haben.

Mit diesem Fazit schließt sich der Kreis. Was hier verkündet wird, sind Überlegungen, die wir von älteren Autoren kennen. Überhaupt kann man sagen, dass *Der Lebende, Sohn des Wachenden* – bei aller Originalität in der Form – in vielen Hinsichten ein traditioneller philosophischer Text ist. Das gilt nicht nur für die Begriffe, mit denen Ibn Tufail argumentiert (Individuum, Art, Form, Materie, Seele, Intellekt, Erste Ursache usw.).

Sie sind natürlich dem gängigen Repertoire, das sich aus aristotelischen und neuplatonischen Termini zusammensetzte, entnommen. Es gilt auch für die meisten Thesen, die er vertritt (Philosophie als demonstrative Wissenschaft, Religion als symbolischer Ausdruck usw.). Sie greifen in der Regel Überzeugungen auf, die seit Fârâbî zum philosophischen Gemeingut in der islamischen Welt zu rechnen sind.

Trotzdem lässt sich der Text nicht auf seine Abhängigkeit von älteren Werken reduzieren. Denn er enthält neben zahlreichen bekannten Überlegungen auch eine Botschaft, die keiner der früheren Philosophen vertreten hatte. Sie betrifft den zentralen Punkt des Romans, d. h. Haiys beseligendes Eintauchen in die höchste Erkenntnis. Es wird von Ibn Tufail in einer Weise geschildert, die sich nicht (bzw. nicht allein) aus der philosophischen Tradition erklären lässt, sondern nur verständlich wird, wenn man Vorstellungen aus dem Sufismus (z. T. auch aus der Theologie) einbezieht.

Diese Feststellung lässt sich noch präzisieren. Denn Ibn Tufail hat seinen Roman mit einer kurzen Einleitung versehen, in der er seine eigenen Betrachtungen in einen geistesgeschichtlichen Kontext stellt. Dort heißt es unter anderem: Wenn er im Folgenden die Anschauung Gottes beschreibe, orientiere er sich nicht an Ibn Bâdjdja. Er orientiere sich auch nicht an Aristoteles oder an Fârâbî, der zu diesem Thema ohnehin widersprüchliche Angaben gemacht habe. Seine Anhaltspunkte seien vielmehr zwei andere Autoren, nämlich Avicenna und Ghazâlî. Denn diese beiden Denker hätten trotz der divergierenden Auffassungen, die über sie kursierten, letztlich vergleichbare Ziele verfolgt und jeweils den Zustand der höchsten Erkenntnis erreicht.

Um diese These zu veranschaulichen, hat Ibn Tufail seinen Roman geschrieben. Das belegen eindrücklich seine Aussagen über Haiys visionäres Erlebnis, denn sie verbinden Avicennas Lehre von der rationalen Seele (Selbstbewusstsein als Ausgangspunkt der Erkenntnis; Rationalität des Erkenntnisweges; Vervollkommnung der individuellen Seele) mit konzeptuellen Elementen, die auf Ghazâlî zurückgehen (spirituelle Übungen als Vorbereitung der höchsten Erkenntnis; Verbindung mit

Gott, nicht mit dem aktiven Intellekt; «Schmecken» als vollendete Form des Wissens). Ob dieser Ansatz überzeugend ist, sei dahingestellt. Er bildete jedenfalls einen ernsthaften Versuch, in die zeitgenössischen philosophischen Diskussionen einzugreifen. Denn letzten Endes war das, was Ibn Tufail vortrug, ein weiterer Vorschlag, auf Avicennas Philosophie zu reagieren: Er wollte sie nicht – wie es Ghazâlî getan hatte – kritisieren; er wollte auch nicht – wie Ibn Bâdjdja – auf Fârâbî zurückgreifen; vielmehr war er davon überzeugt, dass es mit einigem guten Willen möglich sei, eine Synthese aus den Anliegen Avicennas und Ghazâlîs zu finden.

10. Die Rückbesinnung auf Aristoteles: Averroes

Diese Überzeugung wurde, wie erwähnt, am Almohadenhof in Marrakesch verkündet. Dort vernahm sie unter anderem ein junger Mann, der sich für alle Fragen der Wissenschaft interessierte: Abû l-Walîd ibn Ruschd, in Europa besser bekannt als Averroes (gest. 1198). Sein Lebensweg wies einige Parallelen auf zu Ibn Tufails Karriere. Auch er war aus Spanien (in seinem Fall aus Cordoba) nach Nordafrika gekommen. Auch er war ein ausgebildeter Arzt (dazu Jurist) und vertiefte sich in philosophische Studien. Außerdem begann er, Aristoteles-Kommentare zu schreiben – angeblich, weil Ibn Tufail diese Aufgabe nicht übernehmen wollte und stattdessen dem Sultan vorschlug, sie dem jüngeren Kollegen zu übertragen. Trotzdem kann man die beiden Denker kaum miteinander vergleichen. Denn Averroes hatte ganz andere Vorstellungen darüber, was Philosophie und was Philosophiegeschichte sei. Deswegen suchte er auch einen anderen Weg, die philosophische Wissenschaft aus den Turbulenzen herauszuführen, in die sie durch die Diskussionen des 11. und des 12. Jahrhunderts geraten war.

Die Unterschiede beginnen schon bei der Frage, ob man überhaupt philosophieren dürfe. Sie beschäftigte Ibn Tufail offenbar gar nicht, während Averroes dieses Problem so ernst nahm, dass er ihm ein eigenes Werk widmete. Es trägt den Titel *Die entscheidende Abhandlung*. Das ist durchaus wörtlich zu verstehen. Denn Averroes beschränkt sich in diesem Text nicht darauf, seine Ideen mit philosophischen Argumenten zu verteidigen. Er möchte vielmehr eine juristische Entscheidung darüber herbeiführen, «ob das Studium der Philosophie und der Logik vom (religiösen) Gesetz her erlaubt, verboten, empfohlen oder notwendig sei».

Zu diesem Zweck greift er zum Koran, der wichtigsten Quelle der islamischen Rechtsprechung. Dort finden sich Aussagen wie

«Denkt nach, die ihr Einsicht habt!» (Sure 59 Vers 2) oder «Haben sie denn nicht über (Gottes) Herrschaft über Himmel und Erde und (darüber), was Gott alles geschaffen hat, nachgedacht?» (Sure 7 Vers 185) Sie belegen nach seiner Ansicht, dass die Menschen über den Aufbau der Welt und über ihren eigenen Ursprung reflektieren sollen. Ja, mehr noch: Diese Reflexion muss auf die bestmögliche Weise erfolgen, denn der Koran sagt weiter: «Rufe die Menschen mit Weisheit und einer guten Ermahnung auf den Weg deines Herrn und disputiere mit ihnen auf eine möglichst gute Art.» (Sure 16 Vers 125) Die beste Form des Denkens ist aber jene, deren Ergebnisse bewiesen werden. Es ist die Philosophie, die sich wie keine andere Wissenschaft an der (aristotelischen) Beweislehre orientiert. Also kann Averroes als erstes Ergebnis seiner Überlegungen festhalten, dass der Koran (und damit die Scharia) den Menschen nicht nur empfiehlt, sondern zwingend (*wâdjib*) vorschreibt, sich mit der Philosophie zu beschäftigen.

Diese Verpflichtung betrifft allerdings nicht alle Personen in gleicher Weise. Denn Averroes unterscheidet wie seine Vorgänger verschiedene Gruppen von Menschen. Einige begreifen die Demonstrationen der Philosophen; andere verstehen nur dialektische oder rhetorische Argumente und sind aus diesem Grund von dem Gebot, Philosophie zu treiben, dispensiert. Trotzdem bleibt seine Behauptung eine Provokation. Denn sie besagt ja auch jetzt noch, die Philosophie sei für all jene, die einen starken Intellekt besitzen, verpflichtend. Wenn Averroes diese Vorschrift tatsächlich aus dem Koran ableiten will, muss er erklären, warum andere Autoren (wie Ghazâlî) die Philosophen der Ketzerei beschuldigten und sich dabei ebenfalls auf den Koran beriefen.

Auch darauf gibt uns *Die entscheidende Abhandlung* eine Antwort. Sie geht jedoch nicht mehr von einer juristischen Überlegung, sondern von einer Betrachtung über die Prinzipien der Koranexegese aus. Averroes besteht nämlich darauf, dass die heilige Schrift nicht immer auf die gleiche Weise verstanden werden dürfe. Sie enthalte vielmehr drei unterschiedliche Arten von Aussagen, die jeweils einen anderen interpretatorischen Zugang erforderten: 1) Eine Gruppe von Versen, so erklärt er, ist aus sich heraus evident. Sie kann sowohl mit den Mitteln der Demonstration als auch mit den Mitteln der Dialektik und der Rhetorik klar erfasst werden. Ein Beispiel dafür ist der Satz «Es gibt keinen Gott außer Gott», der jedermann einleuchtet und nicht durch eine allegorische Interpretation seiner Bedeutung beraubt werden darf. 2) Eine zweite Gruppe von Versen ist dem äußeren Wortlaut nach ebenfalls evident. Sie muss auch von den einfachen Menschen wörtlich verstanden werden. Das gilt etwa für den Satz «Der Barmherzige hat sich auf dem Thron zurechtgesetzt» (Sure 20 Vers 5), der den meisten Gläubigen nahe legt, dass Gott wie ein König auf einem Thron sitze – was ihrem Verständnis von Macht entspricht. Wer über eine höhere Einsicht verfügt, weiß jedoch, dass Gott unkörperlich ist. Also kann er nicht mit einem Ort verbunden werden. Folglich wissen Personen mit einem starken Intellekt, dass ein solcher Koranvers allegorisch interpretiert werden muss. 3) Schließlich gibt es noch eine dritte Gruppe von Versen. Bei ihnen steht nicht fest, ob sie im wörtlichen oder im übertragenen Sinn zu verstehen sind. Das bekannteste Beispiel dafür sind die Aussagen über die Auferstehung. Sie können von uns nicht im Sinne eines Beweises überprüft werden, weil wir einfach nicht wissen, in welcher Form die Auferstehung (leiblich?, geistig?, individuell?) dereinst stattfinden wird. In solchen Fällen beharrt Averroes darauf, dass die Gelehrten unterschiedliche Meinungen vertreten können. Denn keiner von ihnen sei in der Lage, seine Lehre mit demonstrativen Argumenten abzusichern. Deswegen dürfe auch niemand für seine Ansichten verketzert werden – es sei denn, er leugne den Glaubenssatz selbst (d. h. in diesem Fall die Realität der Auferstehung) und widerspreche damit einem Grundsatz des Islams.

Auch die Koranexegese lässt Averroes also den Spielraum, den er benötigt. Sie bekräftigt sogar noch das Ergebnis seiner juristischen Überlegungen, denn sie bestätigt, dass die Aussagen der heiligen Schrift – wenn sie richtig interpretiert werden – im Einklang mit den philosophischen Thesen stehen. Ist das aber der Fall, so besteht kein Anlass, die Philosophen zu diskreditieren. Wer es dennoch tut, muss sich täuschen. Das gilt auch für

Ghazâlî, der in seiner Schrift über *Die Inkohärenz der Philosophen* behauptet hatte, sie hätten sich in zwanzig wichtigen Punkten geirrt (vgl. oben S. 59).

Das zu zeigen, ist die zweite wichtige Aufgabe, die sich Averroes gestellt hat. Sie war in der Tat noch zu leisten. Denn auf die Vorwürfe, die in *Die Inkohärenz der Philosophen* erhoben wurden, hatten weder Ibn Bâdjdja (der den Text womöglich nicht kannte) noch Ibn Tufail (der ihn vermutlich um der Harmonie willen ignorierte) in der gebührenden Form reagiert. Anders nun Averroes. Ihm war bewusst, dass eine solche Attacke gegen die Philosophie nicht kommentarlos beiseite geschoben werden konnte. Also ging er auf die Anschuldigungen ein und verfasste eine Entgegnung: *Die Inkohärenz der Inkohärenz*, in der er sämtliche Vorwürfe Ghazâlîs aufgreift und zu widerlegen versucht.

Die Argumente, die dabei zur Sprache kommen, sind interessant, denn sie bewegen sich auf mehreren Ebenen. Einerseits weist Averroes die Attacken Ghazâlîs zurück. Andererseits kritisiert er auch seine eigenen Vorgänger (allen voran Avicenna). Deren unüberlegte Behauptungen hätten nämlich erst dazu geführt, dass die Philosophie inkonsequent und angreifbar geworden sei. Gleichwohl hat Averroes ein Interesse daran, die philosophische Tradition zu rehabilitieren. Deswegen legt er auch größten Wert darauf, sie gegen alle Vorwürfe, die Ghazâlî erhoben hatte, in Schutz zu nehmen. Sie gipfelten in der Behauptung, die Philosophen verbreiteten Unglauben (*kufr*), denn sie lehrten 1) die Urewigkeit der Welt (Kap. 1 der *Inkohärenz der Philosophen*), 2) Gott kenne die Einzeldinge nur auf allgemeine Weise (Kap. 13) und 3) der Mensch könne nicht mit dem Leib, sondern nur mit der Seele auferstehen (Kap. 20).

Diese Anschuldigungen werden von Averroes mit aller Entschiedenheit zurückgewiesen, wobei er folgende Argumente geltend macht: 1) Der Koran sagt nirgends, die Welt sei aus dem Nichts geschaffen und in der Zeit entstanden. Wenn überhaupt Aussagen über den Ursprung der Welt gemacht werden, deuten sie eher darauf hin, dass von einer ewigen Materie auszugehen ist; so Sure 11 Vers 7: «Und Er ist es, der Himmel und Erde in sechs Tagen geschaffen hat, während sein Thron über dem Wasser schwebte.» Solche Verse sind allerdings nicht klar. Sie lassen Philosophen und Theologen Raum für Interpretationen. Folglich sollte auch keine Partei die andere wegen ihrer Überzeugungen des Unglaubens bezichtigen. 2) Gleiches gilt für die Frage nach dem göttlichen Wissen. Auch hier werden die Philosophen missverstanden. Sie leugnen nämlich gar nicht, dass Gott die Partikularia kennt, sondern betonen nur, dass seine Art des Wissens von jeder Form des menschlichen Wissens zu unterscheiden ist. Die Menschen erwerben ihr Wissen Schritt für Schritt; ihre Kenntnisse werden durch die Betrachtung der einzelnen Dinge verursacht. Bei Gott ist es umgekehrt. Sein Wissen umfasst von Ewigkeit her alle Dinge (einschließlich des menschlichen Wissens) und war bzw. ist eine Voraussetzung dafür, dass die Partikularia nacheinander entstanden bzw. entstehen. 3) Schließlich ist den Philosophen auch bei der Frage der Auferstehung Unrecht widerfahren. Was sie in dieser Hinsicht lehren, steht nämlich keineswegs im Widerspruch zum Koran. Der Grund dafür wurde bereits in *Die entscheidende Abhandlung* erwähnt: Man kann die Koranstellen, die von der Auferstehung sprechen, nicht auf ihren wörtlichen Sinn oder auf einen übertragenen Sinn festlegen. Also darf auch niemand des Unglaubens bezichtigt werden, der zu dieser Frage eine andere Interpretation vorträgt.

Damit scheinen alle wichtigen Punkte geklärt zu sein. Averroes hat die Philosophie legitimiert, sowohl in ihrem grundsätzlichen Anspruch (in *Die entscheidende Abhandlung*) als auch in ihren einzelnen Thesen (in *Die Inkohärenz der Inkohärenz*). Also ist er fortan berechtigt, sich seinen eigenen philosophischen Reflexionen zuzuwenden. Das geschieht allerdings nicht mehr in den Schriften, die wir bis jetzt betrachtet haben, sondern in einer anderen Gattung von Texten. Gemeint sind die zahlreichen Kompendien, erklärenden Paraphrasen und Kommentare, die er zum Œuvre des Aristoteles (z. B. *Großer Kommentar zur «Metaphysik»*) sowie zu Platons *Res publica* und verschiedenen anderen antiken Werken verfasst hat.

Dort entfaltet sich schließlich sein systematisches Denken. Dabei geht es Averroes nicht darum, der Philosophie neue und unerwartete Perspektiven aufzuzeigen, sondern darum, den Weg zur Wahrheit zurückzufinden. Sie ist nach seiner Auffassung bekannt, denn sie wurde bereits von Aristoteles vertreten. Er hat uns nämlich gelehrt, die uns umgebende Natur zu verstehen und aus ihr unfehlbare Schlüsse auf das Ganze des Seins zu ziehen. Diese Fähigkeit ging jedoch verloren. Denn Denker wie Avicenna verbanden die Philosophie mit der Theologie (auch den Aristotelismus mit dem Neuplatonismus), sie vermischten die Ebene der Demonstration mit den Ebenen der Dialektik und der Rhetorik. So verlor die Philosophie ihre ursprüngliche Kohärenz und konnte von Kritikern wie Ghazâlî angegriffen werden.

Um dem entgegenzuwirken, besinnt sich Averroes wieder auf den Stagiriten. Das führt in vielen Fällen dazu, dass er «neue» Thesen, die seine Vorgänger gerade erst entwickelt hatten (z. B. Avicennas Trennung von Essenz und Existenz; Fârâbîs kosmologisches Modell mit Gott als Wirkursache an der Spitze), verwirft und durch «klassische» aristotelische Lehren (die Substanzen als Grundbausteine des Seins; Gott als Bewegungsursache) ersetzt. Trotzdem kann auch er nicht einfach die Philosophie des Aristoteles restituieren. Das weiß er selbst, denn aus seinen Äußerungen geht hervor, dass er über die unterschiedlichen Deutungen, die zum Werk des Stagiriten vorlagen (von Alexander von Aphrodisias, Themistios, Simplikios, Johannes Philoponos usw.), sehr genau informiert ist. Also betreibt Averroes seinerseits Aristoteles-Exegese. Er diskutiert die Probleme, die das Corpus Aristotelicum aufwirft, und vergleicht die Interpretationen, die dazu entwickelt wurden. So kommt er durch die gewissenhafte Auseinandersetzung mit den traditionellen Lösungsansätzen zu einer Reihe von Antworten, die durchaus neu und originell in ihrer Konzeption sind.

Das bekannteste Beispiel dafür ist wohl die Lehre vom Intellekt. Sie spielt in Averroes' Überlegungen eine wichtige Rolle. Dabei geht es ihm nicht darum, die Stellung des aktiven Intellekts zu überdenken (was bei Ibn Bâdjdja und Ibn Tufail eher im Vordergrund stand), sondern genauer zu bestimmen, wie es sich mit dem potentiellen (oder materiellen) Intellekt verhält. Zu ihm vertraten die meisten älteren Autoren eine vergleichbare Meinung. Denn sowohl Kindî als auch Fârâbî und Avicenna (sowie deren Nachfolger) gingen davon aus, dass jeder Mensch einen eigenen potentiellen Intellekt besitzt. Ihm wurde sogar eine wichtige Funktion zugesprochen: Er sollte dem Individuum die Möglichkeit garantieren, glückselig zu werden (bei Fârâbî nur mit Einschränkungen). Denn wenn es dem Menschen gelinge, Erkenntnisse zu gewinnen, so hieß es, realisiere er seinen potentiellen Intellekt und erhalte Anteil an der ewigen geistigen Welt.

Dieser Auffassung tritt Averroes entgegen. Nach seiner Ansicht sprechen mehrere Gründe dafür, dass es nur einen, universalen potentiellen Intellekt gibt. Einerseits müsse man die Ebenen des Partikularen (d. h. hier des einzelnen Menschen) und des Allgemeinen (d. h. hier der geistigen Erkenntnis) unterscheiden. Zum Individuum gehören die Tätigkeiten, die mit der einzelnen, leiblich-sinnlichen Existenz zusammenhängen. Zu ihnen zählen alle Akte, die mit unseren Sinneseindrücken zu tun haben (Wahrnehmung, Erinnerung, Vorstellung usw.). Sie werden deswegen von einer individuellen Seele, die mit dem Körper wieder vergehen wird, koordiniert. Die geistige Erkenntnis gehört dagegen nach Averroes' Überzeugung nicht in den Bereich des Individuellen. Sie übersteigt die Ergebnisse, die aus den einzelnen Wahrnehmungen gewonnen werden, denn sie abstrahiert aus ihnen einen Begriff. Begriffe aber sind allgemein, das Wissen um sie ist bei allen Menschen dasselbe (man denke etwa an mathematische Gesetze). Daraus folgert er, dass auch die erkennende Instanz bei allen Menschen dieselbe sein müsse. Ein weiteres Argument ergibt sich aus dem potentiellen Intellekt selbst. Er ist, bevor er denkt, reines Vermögen. Averroes definiert ihn als das, «was potentiell alle (intelligiblen) Formen ist, die zu den universalen materiellen Formen gehören», und besteht darauf, dass er, «bevor er sie versteht, nichts aktuell Seiendes ist». Als Vermögen aber ist er unkörperlich, und als Vermögen besteht er auch schon immer. Das spricht ebenfalls dafür, einen einzigen potentiellen Intellekt anzunehmen, der ewig ist und durch seine (philosophische) Tätigkeit die Unsterblichkeit des Menschengeschlechts (aber nicht des einzelnen Menschen) garantiert.

11. Philosophie als Illumination: Suhrawardî

Averroes' Ideen wurden rasch bekannt und fanden eine erstaunliche Verbreitung. Das gilt vor allem für Europa. Dort las man seine Aristoteles-Kommentare bald in lateinischen (oder hebräischen) Übersetzungen und hielt an ihnen trotz der Kritik, die sie auslösten (beginnend mit Thomas von Aquins *Über die Einheit des Intellekts gegen die Averroisten* aus dem Jahr 1270), bis ins 16. Jahrhundert fest. In der islamischen Welt ist die Entwicklung weniger überschaubar. Hier fand Averroes zwar ebenfalls Leser. Zu ihnen gehörten, wie wir inzwischen wissen, nicht nur Ibn Tumlûs, sein unmittelbarer Schüler (frühes 13. Jahrhundert, Maghreb), sondern (mit unterschiedlicher Optik) auch Ibn Taimîya (frühes 14. Jahrhundert, Syrien und Ägypten), Ibn Khaldûn (14./15. Jahrhundert, Maghreb und Ägypten), Tâschköprüzâde (16. Jahrhundert, Osmanisches Reich) und Mullâ Sadrâ (17. Jahrhundert, Iran). Insofern ist es irreführend, wenn in der Sekundärliteratur immer wieder behauptet wird, seine Ideen seien von den Muslimen ignoriert worden und hätten ausschließlich in Europa gewirkt. Gleichwohl war das Interesse in der islamischen Welt vergleichsweise gering. Es beschränkte sich offenbar auf einige wenige, unter Gelehrten diskutierte Fragen. Der Hauptstrom der Philosophie ging jedenfalls andere Wege und rückte Autoren in den Vordergrund, deren konzeptionelle Entwürfe Averroes' Auffassungen deutlich widersprachen.

Zu ihnen zählte Schihâbaddîn as-Suhrawardî (gest. 1191). Er stammte aus dem Nordwesten Irans, studierte Theologie und Philosophie in Maragha (Aserbaidschan) und Isfahan und lebte anschließend wohl eine Zeitlang in Bagdad. Ins Rampenlicht trat er aber erst, als er im Jahr 1183, knapp dreißigjährig, in Aleppo eintraf. Hier gelang es ihm nämlich, den Gouverneur für sich zu gewinnen, einen Sohn des berühmten Saladin, der zu dieser Zeit von Kairo aus über Ägypten, Palästina und Syrien regierte. Das verschaffte Suhrawardî offenkundig den Freiraum, den er für seine Arbeit benötigte; denn jetzt entstand der Hauptteil seines philosophischen Œuvres. Es umfasst zwei Gattungen von Texten: 1) systematische Werke wie *Die Andeutungen*, *Die Philosophie der Erleuchtung* und *Die Tempel des Lichts*, die in der Regel auf Arabisch verfasst sind; und 2) allegorische Schriften wie *Das Pfeifen des Simurgh*, *Die Sprache der Ameisen* und *Der rote Intellekt*, bei denen er sich gerne der persischen Sprache bedient. Der Erfolg am Hof und die privilegierte Stellung waren indes nicht von Dauer. Denn schon nach wenigen Jahren sah sich Suhrawardî in Aleppo mit schwer wiegenden Anschuldigungen konfrontiert. Sie führten dazu, dass er die Unterstützung seines Gönners verlor und ins Gefängnis geworfen wurde. 1191 wurde er schließlich auf Befehl Saladins – der offenbar nicht immer so tolerant war, wie es sein Ruf heutzutage vermuten ließe – hingerichtet.

Über die Hintergründe dieses Vorgangs ist in der Sekundärliteratur (wie auch schon in den mittelalterlichen Quellen) viel spekuliert worden. Dabei kamen zahlreiche Hypothesen zur Sprache: die Möglichkeit, dass Suhrawardî Sympathien für die Schia bzw. speziell für die Ismâʿîliten (zu ihnen vgl. oben S. 38 f.) gehegt haben könnte; mutmaßliche häretische Thesen; sein angeblich verderblicher Einfluss auf den Sohn Saladins; oder ganz einfach die Annahme, dass ihm der Neid und die Missgunst der Gelehrten, die weniger Erfolg am Hof hatten, zum Verhängnis geworden seien. Letzteres mag eine Rolle gespielt haben, aber es setzt voraus, dass sich den Konkurrenten Ansatzpunkte für ihre Anschuldigungen boten. Insofern liegt es selbst bei dieser Hypothese nahe, dass man nach einem Zusammenhang mit Suhrawardîs Lehrmeinungen sucht. Sie stehen inzwischen auch im Vordergrund der Überlegungen, wobei ein Aspekt in jüngster Zeit besondere Beachtung findet. Gemeint ist die Frage nach seiner «politischen Philosophie» oder, besser gesagt, nach den politischen Implikationen, die sich aus seiner Philosophie ergeben.

Sie könnten in der Tat eine Rolle bei den Ereignissen gespielt haben. Diesen Eindruck gewinnt man zumindest, wenn man bestimmte Textpassagen wie die Einleitung zu seinem Hauptwerk *Die Philosophie der Erleuchtung* liest. Dort stellt Suhrawardî die Frage, wer die politische Führung (*ri'âsa* oder *khilâfa*) in einem Staat innehaben sollte. Darüber bestand eigentlich ein Konsens unter den Autoren, die uns bislang beschäftigt haben, denn sie erklärten einmütig (seit Fârâbî), dass die Staatslenkung eine Aufgabe der Philosophen sei. Anders Suhrawardî: Er besteht darauf, dass den Philosophen nicht die höchste Einsicht – und damit auch nicht die höchste Autorität im Gemeinwesen – zukomme. Nach seiner Auffassung gibt es vielmehr drei Typen von «Weisen» (*hakîm*): 1) solche, die tief in die göttlichen Dinge (*ta'alluh*) eingedrungen sind, ohne sich in philosophischen Untersuchungen auszukennen; 2) solche, deren Wissen allein auf philosophischen Untersuchungen (*bahth*) beruht; und 3) wieder andere, die sich auf beiden Erkenntniswegen auszeichnen. Letztere wären als Staatslenker eigentlich ideal, aber sie sind, wie Suhrawardî selbst einräumt, selten zu finden. Deswegen reduziert sich die Entscheidung in der Regel auf die Frage, ob das Gemeinwesen einer Person aus der ersten oder aus der zweiten Kategorie anvertraut werden soll. Darauf ist seine Antwort klar. Denn Suhrawardî betont, dass man die politische Führung niemals einem Philosophen überlassen dürfe. Es gebe nämlich auf der Welt immer eine Person, die Einblick in das Göttliche habe und unmittelbare Einsichten empfange (*talaqqin*), weshalb sie für die Aufgabe, das Gemeinwesen zu lenken, qualifizierter sei.

So dezidiert diese Aussage klingen mag – sie lässt sich in mehrere Richtungen interpretieren. Denn Suhrawardîs Plädoyer für eine unmittelbare Form des Wissens kann in verschiedene Kontexte eingeordnet werden. Einerseits ist es möglich, darin eine Stellungnahme zu einer religiösen bzw. zu einer religionspolitischen Streitfrage zu sehen. Dann lesen sich die Äußerungen wie ein Bekenntnis zur Schia. Nach Ansicht der meisten Schiiten lebt nämlich auf Erden immer ein (verborgener oder sichtbarer) Imam, der die ganze Gemeinde leiten sollte, weil er über göttliche Einsicht verfügt. Andererseits ist es möglich, Suhrawardîs Überlegungen in einen philosophischen Kontext zu stellen. Dann kreisen sie nicht mehr um die Frage des Imamats, sondern eröffnen eine viel weitere Perspektive. In diesem Fall geht es nämlich darum, wie die Menschen überhaupt Erkenntnis gewinnen können und welches der Weg zu einem gesicherten, für alle verbindlichen Wissen sei.

Das war in der Tat ein Problem, mit dem sich Suhrawardî zeit seines Lebens beschäftigte. Man kann sogar sagen, dass es sich wie ein roter Faden durch all seine Werke, die systematischen wie die allegorischen, zieht. In ihnen versucht er jeweils, eine überzeugende Antwort auf die Frage nach den Bedingungen der Erkenntnis zu geben. Dabei rückt ein Begriff ins Zentrum seiner Überlegungen: *ischrâq*, «Illumination», ein Terminus, der nicht nur zum Charakteristikum seines eigenen Denkansatzes werden sollte, sondern der ganzen philosophischen Tradition, die sich später auf ihn berief, den Namen gab (*hikmat al-ischrâq*, «Illuminationsphilosophie»). Trotzdem war das Konzept nicht völlig neu. Es lässt sich eher als eine originelle Transformation älterer Vorstellungen beschreiben. Dabei spielten mehrere Anregungen eine Rolle (die Suhrawardî auch nennt und mitunter sogar zu Unrecht als Legitimation für seine eigenen Überlegungen verwendet). Aber die wichtigsten Anstöße dürften doch von Avicenna ausgegangen sein.

In Avicennas Epistemologie ließen sich zwei Hauptlinien unterscheiden (vgl. oben S. 52–55). Einerseits beschrieb er den Weg der Erkenntnis, wie es Aristoteles im *Organon* getan hatte, d. h. als einen mehrstufigen Vorgang, der sich in Syllogismen vollzieht und von Axiomen und weiteren Grundannahmen zur Erklärung von komplexeren Sachverhalten fortschreitet. Andererseits betonte er, dass bestimmte Menschen (Philosophen, Propheten) auch unmittelbar zu Erkenntnissen gelangen könnten, weil sie über eine besondere intellektuelle Fähigkeit, die Intuition (*hads*), verfügten. Beide Wege sollten indes nicht miteinander konkurrieren. Denn Avicenna wollte mit dem Konzept des *hads* (das ja auch aristotelische Ursprünge hat) keine prinzipiell andere Form des Erkennens einführen. Intuition zu haben hieß für ihn lediglich: imstande sein, den langen Weg über die Axiome, Definitionen, Urteile und Syllogismen mit einem Mal und ohne Mühe zurückzulegen. Der Vorgang als solcher blieb dabei unverändert. Denn auch Erkenntnisse, die auf intuitive Weise gewonnen werden, sollten den logischen Regeln, die Aristoteles im *Organon* festgehalten hatte, unterliegen.

Diese Verknüpfung möchte Suhrawardî aufheben. Nach seiner Auffassung werden damit nämlich zwei Dinge verbunden, zwischen denen keinerlei Zusammenhang besteht. Eines ist das Konzept der Intuition. Es wird von Suhrawardî geschätzt und zum wichtigsten Modell für die Erklärung von Erkenntnisvorgängen erhoben. Man kann sogar sagen, dass seine gesamte Epistemologie auf der Annahme, dass sich unsere Erkenntnis intuitiv vollziehe, aufbaut. Das andere ist die aristotelische Logik. Sie wird von ihm scharf attackiert und als irreführend verworfen. Damit distanziert er sich von einer langen Tradition der Hochschätzung des *Organons*, der nicht nur die Philosophen, die wir bislang betrachtet haben, angehörten, sondern die seit dem späten 11. Jahrhundert (durch das Wirken Ghazâlîs) auch in der islamischen Theologie Einzug hielt.

Entsprechend ausführlich muss Suhrawardî seinen Standpunkt begründen. Zu diesem Zweck trägt er eine Reihe von Argumenten gegen das *Organon* und insbesondere gegen die Wissenschaftslehre, die in den *Zweiten Analytiken* entwickelt wird, vor. Eines von ihnen richtet sich gegen die Grundannahme des Textes, d. h. gegen die Behauptung, alle Menschen hätten ein unmittelbares Wissen um die Axiome. Unter ihnen verstand Aristoteles Sätze, die allen Wissenschaften gleichermaßen zugrunde liegen und die ohne Beweisführung einleuchtend sind (wie z. B. den Satz vom Widerspruch). Diese Annahme wird von Suhrawardî abgelehnt. Denn er meint zwar, dass unser Wissen tatsächlich von einem unmittelbaren Erfassen ausgehe. Aber die Gegenstände, auf die sich diese Tätigkeit richte, seien keine allgemein gültigen, logischen Sätze. Vielmehr erfassten wir immer zuerst einzelne, konkrete Dinge, allen voran das uns Nächstliegende: unser eigenes Selbst.

Ein zweites Argument wendet sich gegen die aristotelische Definitionslehre. Sie ist nach Suhrawardîs Auffassung ebenfalls unzureichend, weil sie sich (zumindest nach seinem Dafürhalten) auf die schematische Angabe der Gattung (*genus*) und des artbildenden Unterschiedes (*differentia specifica*) beschränkt (z. B. «Der Mensch ist ein vernunftbegabtes Lebewesen»). Mit diesen beiden Bestimmungen könne ein Gegenstand aber nicht erfasst werden. Denn jeder Gegenstand weise eine Vielzahl von spezifischen, zu seiner Essenz gehörenden Konstituenten (*muqauwimât*) auf. Sie alle müssten genannt werden, wenn man ein Ding wirklich beschreiben wolle. Deswegen sei es ein Trugschluss zu glauben, dass mit der Angabe der «Gattung» und des «artbildenden Unterschiedes» das Wesentliche über einen Gegenstand gesagt sei.

Damit ist der aristotelischen Logik eigentlich schon die Grundlage entzogen. Denn wenn uns weder allgemein anerkannte Axiome noch verbindliche (Wesens-)Definitionen zur Verfügung stehen, ist es unmöglich, beweiskräftige Schlussfolgerungen aus ihnen zu ziehen. Hinzu kommt aber noch ein drittes Problem, wie Suhrawardî hervorhebt. Gemeint ist die Schwierigkeit, dass wir keine verbindlichen Aussagen über künftige Ereignisse machen können. Sie hat nach seiner Ansicht die Konsequenz, dass wir auch keine Wissenschaft im Sinne der *Zweiten Analytiken* (die von zeitlos gültigen Feststellungen ausgehen müsste) konzipieren können. Das habe Aristoteles ebenfalls nicht erkannt. Denn er sei zwar auf die Frage, wie sich Aussagen über die Zukunft logisch einordnen lassen, innerhalb des *Organons* eingegangen (insbesondere in dem bekannten Kapitel über die *contingentia futuri* in der *Hermeneutik*). Aber dabei habe er nicht bedacht, welche weit reichenden Konsequenzen aus diesem Problem abgeleitet werden müssten.

Die Stoßrichtung der Kritik ist klar: Suhrawardî wendet sich gegen den Versuch, eine universale, auf syllogistischen (und damit deduktiven) Beweisen ruhende Wissenschaft zu konzipieren. Alle Kritikpunkte, die er vorträgt, sollen zeigen, dass ein solches Konzept von falschen epistemologischen Voraussetzungen ausgeht. Erkennen heißt nämlich nach seiner Ansicht nicht, einen Gegenstand aufgrund einzelner Merkmale (wie «lebend» oder «vernunftbegabt») zu kategorisieren und in ein festgelegtes Ordnungsschema (Gattung, Art, Individuum usw.) einzufügen. Erkennen ist für ihn vielmehr ein Akt, in dem ein Gegenstand in seiner Einmaligkeit und mit all seinen spezifischen Merkmalen erfasst wird. Das aber geschieht nicht deduktiv. Es geschieht unmittelbar, intuitiv, im direkten Zugriff auf ein konkretes Gegenüber. Deswegen spricht Suhrawardî auch davon, dass unser Erkennen ein «Erkennen (bzw. ein Wissen) durch Gegenwart» (*ʿilm hudûrî*) sei.

Auch ein solcher Vorgang muss indes definiert sein und über eine klare Kontur verfügen. Dem versucht Suhrawardî dadurch Rechnung zu tragen, dass er sein epistemologisches Konzept in zwei Richtungen konkretisiert. Zum einen meint er, man könne die geistige Erkenntnis mit der sinnlichen Wahrnehmung vergleichen. Dabei denkt er speziell an den Vorgang des Sehens, der nach seiner Auffassung in vieler Hinsicht modellhaft ist. Wer etwas sieht, erhält nämlich laut Suhrawardî ein Bewusstsein von dem Objekt seiner Wahrnehmung. Er erfasst das gesamte Objekt, das ihm «präsent» ist und das von seinen Augen wahrgenommen wird. Das Gleiche lasse sich über den Vorgang der Erkenntnis aussagen. Denn auch hier gehe es darum, einen Gegenstand, der uns «präsent» sei, zu erfassen. Das geschehe durch den Intellekt, durch dessen Tätigkeit das Objekt als ganzes (d. h. nicht auf einzelne, angeblich artspezifische Merkmale reduziert) in unser Bewusstsein aufgenommen werde.

Wie das geschehen soll, erklärt der zweite Hinweis, den Suhrawardî angibt. Er ruft uns wieder in Erinnerung, dass seine Philosophie als Illuminationslehre (*hikmat al-ischrâq*) bezeichnet wird. Suhrawardî behauptet nämlich, jeder Erkenntnisvorgang sei ein Akt der Erleuchtung. Denn immer dann, wenn wir etwas begreifen und uns der Wahrheit annähern könnten, werde uns ein Lichteinfall bzw. ein Lichtblitz zuteil. Das klingt zunächst nicht sonderlich originell. Auch andere Denker hatten in diesem Zusammenhang von Illumination gesprochen. Insofern könnte man meinen, dass hier nur wieder einmal – wie so oft in der Epistemologie – eine Lichtmetapher bemüht werde (vgl. beispielsweise oben S. 35 für Fârâbî). Bei Suhrawardî hat diese Aussage jedoch einen anderen Sinn. Sie dient ihm nicht dazu, den Vorgang zu illustrieren oder metaphorisch zu umschreiben.

Er nennt den Erkenntnisakt vielmehr eine Erleuchtung, weil er glaubt, dass die gesamte Realität, d. h. alles Seiende, aus Licht bestehe.

Damit sind wir schließlich bei seinen metaphysischen Vorstellungen angekommen. Sie lassen sich sehr einfach resümieren. Denn Suhrawardî meint tatsächlich, dass alles, was existiert, seinem Wesen nach Licht sei. Das soll zunächst und in hervorragender Weise für Gott gelten. Er ist das absolute Licht, mit nichts vermischt, das Licht der Lichter. Weil Gott vollkommen ist, teilt er sich aber auch mit und bringt Ströme von Licht hervor. Sie manifestieren sich in der Schöpfung. Diese ist vielfältig, denn sie besteht aus zahlreichen Dingen, die sich dem Rang nach (d. h. der Lichtintensität nach) unterscheiden. Aber für alle gilt, dass sie nicht nur hinsichtlich ihrer Existenz (wie Avicenna gemeint hatte), sondern auch hinsichtlich ihrer Essenz (d. h. als Licht) mit Gott verbunden sind.

Spätestens hier kann man sich fragen, ob Suhrawardî wirklich Philosophie lehrte. Denn vieles, was er vertrat, ließe sich ebenso gut aus der Tradition des Sufismus oder als Aufnahme von gnostischen Gedanken erklären. Gleichwohl müssen wir vorsichtig sein. Denn Suhrawardî wollte sich nicht von der Philosophie abwenden. Er war vielmehr der Überzeugung, dass (wahre) Philosophie, (wahre) Mystik und (wahre) Gnosis (= Erkenntnis) zusammenfallen, ja dass die Illuminationslehre, die er verkündete, die einzige immer schon gültige Philosophie (also eine Art *philosophia perennis*) sei. Deswegen berief er sich regelmäßig auf frühere Autoritäten. Zu ihnen zählen prominente Sufis und Figuren aus dem alten Iran und Ägypten (wie Buzurgmihr, Hermes und Agathodaimon), aber auch mehrere herausragende Vertreter der griechischen Tradition (wie Pythagoras und Platon). Selbst Aristoteles wird von ihm letzten Endes rehabilitiert und in die Reihe der großen Weisen aufgenommen. Das geschieht durch einen bekannten Text, in dem Suhrawardî erklärt, dass ihm der Stagirite im Traum erschienen sei. Dort heißt es, auch Aristoteles habe eigentlich die richtige Lehre (d. h. die *hikmat al-ischrâq*) vertreten. Er sei nämlich ebenfalls der Ansicht gewesen, dass die Wahrheit intuitiv, durch eine unmittelbare Erfahrung, erfasst werden könne. Das sei aber leider in Vergessenheit geraten, denn seine eigenen Schüler hätten ihn nicht mehr verstanden. Deswegen habe sich unter den späteren Peripatetikern der Irrglaube an die Syllogistik und an das diskursive Denken durchgesetzt.

12. Veränderte Rahmenbedingungen

Gegen Ende des 12. Jahrhunderts existierten somit mehrere philosophische Entwürfe. Sie alle bezogen sich in irgendeiner Form auf Avicenna. Aber das hinderte ihre Verfasser nicht daran, unterschiedliche Ansichten zu vertreten, da sie gegenüber den Ideen, die er verbreitet hatte, jeweils eine andere Haltung einnahmen.

Einige Denker warfen Avicenna vor, das Ideal der Wissenschaftlichkeit preisgegeben zu haben, und forderten, man solle zur strikten Beweislehre des Aristoteles zurückkehren (das gilt vor allem für Averroes). Andere meinten, Avicenna habe sich nicht weit genug von Aristoteles entfernt, denn die Philosophie müsse näher an der (sufischen) Erfahrung positioniert werden (Suhrawardî; auch Ibn Tufail). Wieder andere folgten Avicenna einfach und bemühten sich, seine Lehre in Handbüchern zu resümieren und zu verbreiten (Näheres dazu unten S. 92 f.). Und dann gab es noch eine Fraktion, die versuchte, seine Vorstellungen in ein theologisches Rahmenkonzept einzubinden, indem sie einige seiner Aussagen als häretisch brandmarkte und andere in das eigene metaphysische bzw. physikalische Konzept aufnahm (Ghazâlî und andere).

All diese Ansätze sollten im 13. Jahrhundert und darüber hinaus fortgesetzt werden (mit der Einschränkung, dass Averroes' Ideen weniger rezipiert wurden). Insofern kann man nur festhalten, dass die Philosophie in der islamischen Welt nach 1200 keineswegs stagnierte, sondern eher an Bedeutung und Resonanz gewann. Hinzugefügt werden muss allerdings, dass diese Entwicklung unter veränderten Vorzeichen stattfand. Denn das Philosophieren unterlag von jetzt an anderen Bedingungen. Sie müssen zuerst erwähnt und in ihren wichtigsten Zügen skizziert werden, bevor wir uns wieder der Philosophie selbst zuwenden können.

Eine der Veränderungen bestand darin, dass die meisten islamischen Gelehrten (d.h. die meisten Theologen und Juristen) von jetzt an die aristotelische Logik als methodische Grundlage anerkannten. Dieser Schritt war eigentlich schon von Ghazâlî eingeleitet worden (vgl. oben S. 57 f.). Aber was er an der Wende vom 11. zum 12. Jahrhundert postuliert hatte, wurde erst hundert Jahre später in die Tat umgesetzt. Maßgeblichen Anteil daran hatte ein Mann namens Fakhraddîn ar-Râzî (gest. 1210). Er verfasste *Das Große Buch der Logik* sowie andere übersichtliche Darstellungen zum Thema, die unter den religiösen Gelehrten breiten Anklang fanden. Von da an nahmen die logischen Studien einen ungeahnten Aufschwung. Denn jetzt begann eine rege Publikationstätigkeit, die nicht nur während des ganzen 13. Jahrhunderts fortdauerte, sondern weit darüber hinaus anhielt. Ihre bekanntesten Ergebnisse sind wohl *Die Einführung in die Logik* von Athîraddîn al-Abharî (gest. um 1265), ein extrem kurz gefasstes Kompendium, sowie *Die Grundlagen der Logik für Schamsaddîn* von Nadjmaddîn al-Kâtibî (gest. 1277); beide Texte wurden bis ins 20. Jahrhundert im Unterricht verwendet und von einer unübersehbaren Zahl von Gelehrten kommentiert. Daneben kann man aber auch andere viel gelesene Autoren nennen: Afdaladdîn al-Khûnadjî (gest. 1248) etwa, Saʿdaddîn at-Taftâzânî (gest. 1390) und Abû ʿAbdallâh as-Sanûsî (gest. um 1490); oder auch ʿAbdarrahmân al-Akhdarî (gest 1546), der das am häufigsten zitierte Lehrgedicht über die Logik (*Die glänzende Leiter*) schrieb.

Der Grund für diesen enormen Aufschwung liegt darin, dass die Logik in das Unterrichtsprogramm der Madrasa, der islamischen Hochschule, integriert wurde. Das sicherte ihr einen festen Platz in der höheren Bildung. Zugleich bedeutete es, dass zum ersten Mal ein Teilgebiet der Philosophie Einzug in den Kanon der offiziell geförderten Wissenschaften hielt. Bei dieser partiellen Entscheidung blieb es jedoch nicht. Denn man konnte die aristotelische Logik (mitsamt der Kategorienlehre) nicht übernehmen, ohne über die aristotelische Ontologie (mitsamt ihren Konsequenzen für die Physik und die Metaphysik) nachzudenken. Das geschah denn auch in der Folgezeit mit dem

Ergebnis, dass die islamische Theologie weitere wichtige Anregungen aus der Philosophie aufnahm.

Diese Entwicklung zeigt sich bereits an der Struktur der theologischen Werke. Sie veränderte sich vom späten 12. Jahrhundert an auf markante Weise, wobei den einleitenden Kapiteln, d. h. den wissenschaftlichen Prolegomena, die Schlüsselrolle zukam. Sie behandelten traditionell die Frage, auf welchen Wegen man Erkenntnis gewinnen könne. Das geschah in der Regel kurz. In den älteren Texten bestand dieser Teil nur aus wenigen Seiten, in denen erklärt wurde, dass wir auf die Daten der Sinneswahrnehmung, auf gesicherte Überlieferungen und auf den Verstand, der aus beidem seine Schlüsse ziehen könne, angewiesen seien. Nicht so in den theologischen Schriften nach 1200. Denn jetzt rücken die Prolegomena in den Mittelpunkt des Interesses. Fakhraddîn ar-Râzî, der uns bereits als Logiker begegnet ist, widmet ihnen schon fast die Hälfte seiner theologischen Erörterungen. Bei ʿAdudaddîn al-Îdjî (gest. 1355), dem einflussreichsten Theologen des 14. Jahrhunderts, nehmen sie sogar zwei Drittel seines Hauptwerkes (*Die Stationen*) ein. Das aber war nur möglich, weil sich die Themenstellung, die in diesen «Einleitungen» diskutiert wurde, geändert hatte. Denn es ging längst nicht mehr nur darum, auf welchen Wegen wir Erkenntnisse gewinnen können. Es ging um das Sein, um Kausalität, Kategorien, Substanzen, Akzidenzien usw. Mit anderen Worten: In den Prolegomena zur Theologie wurde jetzt die philosophische Ontologie verhandelt.

Das konnte nicht ohne Wirkung auf die Doktrin selbst bleiben. Spätestens seit dem 13. Jahrhundert (im Grunde aber schon seit Ghazâlî bzw. seit dessen Lehrer, Djuwainî) kann man beobachten, wie auch sie Einflüsse aus der Philosophie aufnahm. Das war kein linearer Prozess. Denn hier zeigen sich Unterschiede zwischen den Schulen (Aschʿariten, Mâturîditen, die muʿtazilitische Theologie bei den Schiiten), ja zwischen einzelnen Autoren. Deswegen ist es auch unmöglich, diese Entwicklung in wenigen Worten zusammenzufassen. Erkennbar ist jedoch, bei welchen Themen die Anregungen aus der Philosophie dominierten. Zu ihnen zählen: die Analyse des Seins (anhand der Kategorien «notwendig – möglich – unmöglich»), die Klassifikation der

Geschöpfe (nach dem Schema «Individuum – Art – Gattung»), die Epistemologie (die den Erkenntnisvorgang nun stärker als natürlichen Prozess deutete) und die Lehre vom Menschen. In der Anthropologie ist dieser Vorgang sogar besonders deutlich. Denn sie konzentrierte sich jetzt vor allem auf das Konzept der Seele, dem in der älteren Theologie nahezu keine Bedeutung zugekommen war.

Die Theologie stand also nach 1200 im Bann philosophischer Methoden und Fragestellungen. Aber das war kein isolierter Vorgang. Man kann vielmehr feststellen, dass auch im Sufismus – stärker als früher zumindest – Interessen an der Philosophie aufkamen. Das bekannteste Beispiel dafür sind wohl Ibn al-ʿArabî (gest. 1240) und seine Schüler (angeführt von Sadraddîn al-Qûnawî, gest. 1274). Die Lehren, die sie in die Diskussion einbrachten, weisen verschiedene Assoziationen zur Philosophie auf. Das gilt selbst für ihre bekannteste These, die unter dem Stichwort der «Ein(s)heit des Seins» *(wahdat al-wudjûd)* berühmt wurde. Sie besagt, dass die Schöpfung in einer unaufhebbaren existentiellen Verbindung zu Gott stehe, weil sie nichts anderes als seine dynamische Selbstentfaltung (genauer gesagt: die Manifestation der göttlichen Namen) sei. Das führte zu einer völligen Neubewertung des geschaffenen Seins. Es beschäftigte die Theologie, und es wurde zum Anlass für zahlreiche sufische Spekulationen. Aber das kann nicht darüber hinwegtäuschen, dass der Seinsmonismus, den Ibn al-ʿArabî und seine Nachfolger lehrten, ohne die Ontologie Avicennas (der das kontingente, möglicherweise Seiende an das notwendigerweise Seiende gebunden hatte) kaum denkbar gewesen wäre.

Die Philosophie hatte demnach einen wichtigen Platz in den Diskussionen der Gelehrten. Was hier entwickelt wurde, fand seinen Weg in verschiedene andere Disziplinen und wurde dort oftmals mit großem Interesse rezipiert. Es gab indes auch Widerstände gegen diese Tendenz; denn nicht alle Gelehrten waren damit einverstanden, dass sich das intellektuelle Leben in diese Richtung entwickelte. Solche Stimmen müssen ebenfalls kurz zu Wort kommen, wenn man sich die Rahmenbedingungen, denen die Philosophie nach 1200 unterlag, vor Augen halten will.

Manche Autoren, die sich mit Kritik zu Wort meldeten, argumentierten noch aus einer Perspektive, die uns bereits bei Ghazâlî begegnete. Das gilt beispielsweise für Fakhraddîn ar-Râzî, dessen Name inzwischen mehrfach genannt wurde, weil er eine Schlüsselfigur an der Wende vom 12. zum 13. Jahrhundert war. Râzî schätzte, wie wir gesehen haben, die philosophische Logik und tat vieles für deren Verbreitung. Er war auch bereit, einzelne Anregungen aus der Physik und der Metaphysik aufzunehmen und in sein theologisches Weltbild zu integrieren. Als umfassendes Konzept lehnte er die Philosophie jedoch ab. Das geht aus einer Schrift hervor, in der Râzî *Die Hinweise und Mahnungen*, also eines der Hauptwerke Avicennas (dazu oben S. 45), kommentierte. Dort setzte er sich so kritisch mit dem Text, den er erläutern wollte, auseinander, dass spätere Beobachter meinten, er habe keinen «Kommentar» (*Scharh*), sondern eine «Verwundung» (*Djarh*) der *Hinweise und Mahnungen* geschrieben.

Andere Autoren ließen sich erst gar nicht auf diese sondierende Form der Kritik ein. Sie meinten vielmehr, dass man die Philosophie insgesamt (d. h. einschließlich der Logik) ablehnen müsse. Das markanteste Beispiel für diese Haltung ist wohl Ibn Taimîya (gest. 1328). Er war zwar ein eifriger (und kluger) Leser philosophischer Texte, zog aus ihnen aber Schlüsse, die den Intentionen der Philosophen diametral entgegenstanden. Am auffälligsten geschieht das in einem Text, der unter dem Titel *Die Widerlegung der Logiker* bekannt wurde. Dort versucht Ibn Taimîya in aller Ausführlichkeit zu zeigen, dass die aristotelische Logik ein unbrauchbares, auf falschen Annahmen beruhendes Argumentationssystem sei (wobei die Einwände detaillierter sind als bei Suhrawardî). Aber damit nicht genug. Darüber hinaus möchte er offen legen, welch gravierende Folgen das Studium des *Organons* nach sich gezogen habe. Es soll nämlich den größten Teil der islamischen Gelehrten in die Irre geführt haben: die Philosophen ohnehin; aber leider auch viele von der Philosophie verwirrte Theologen; außerdem all jene Vertreter des Sufismus, die meinten, sich Ibn al-ʿArabîs Lehre von der Ein(s)heit des Seins anschließen zu müssen.

13. Philosophie in der Nachfolge Avicennas und Suhrawardîs

Ibn Taimîya bekämpfte also nicht nur die Philosophie. Er bekämpfte vor allem den Einfluss der Philosophen. Insofern ist seine harsche und weit ausholende Kritik ein deutliches Indiz dafür, wie groß deren Wirkungsradius inzwischen gewesen sein muss. Die Zahlen bestätigen das auch. Gerade im 13. und 14. Jahrhundert entstanden – neben den Traktaten zur Logik – eine Fülle von Schriften zur Physik und zur Metaphysik. Sie belegen eindrücklich, dass die Philosophie nicht nur in den Reflexionen der Theologen oder der Sufis weiterlebte, sondern nach wie vor eine eigene intellektuelle Disziplin war.

Diese Disziplin veränderte sich allerdings, denn jetzt kam es zunehmend zur Ausbildung von Traditionen. Sie hatten ursprünglich die Form von Lehrer-Schüler-Verhältnissen, nahmen aber auch den Charakter von Lehrzirkeln oder sogar von Schulen an (obwohl an den meisten Hochschulen wahrscheinlich nur die Logik und nicht die Philosophie als Ganze gelehrt wurde). Ihr Bezugspunkt war jeweils eine anerkannte (ältere) Autorität. Deren Werke wurden gelesen, diskutiert, in Lehrbüchern resümiert und in Kommentaren erläutert. Auf diese Weise kristallisierte sich eine Form des Lernens und Tradierens heraus, die man bei aller Vorsicht, die gegenüber einem solchen Terminus geboten ist, als scholastisch bezeichnen kann.

Dieser Prozess war aufs Ganze gesehen konservativ, aber er hatte auch selektive Tendenzen. Sie betrafen vor allem Averroes (und seine spanischen Kollegen). Was er geschrieben hatte, wurde nämlich nur noch von wenigen Lesern zur Kenntnis genommen (vgl. oben S. 77) und nicht in der Breite und schon gar nicht auf eine Weise, die schulbildend hätte sein können, rezipiert. Ganz anders verhielt es sich mit zwei anderen Denkern; gemeint sind Avicenna und Suhrawardî. Sie fanden jeweils eine große Gefolgschaft. Deswegen kann man als generelle Beobachtung festhalten, dass die Philosophie nach 1200 vom Erbe dieser beiden Autoritäten dominiert war.

Im Falle Avicennas kam dieser Erfolg nicht überraschend. Er hatte eigentlich immer Schüler. Zu Lebzeiten waren es u. a. Djûzdjânî (sein Biograph), Bahmanyâr (gest. 1066) und Ibn Zaila (gest. 1067). Später machten Laukarî (gest. 1123), ʿUmar ibn Sahlân as-Sâwî (gest. nach 1140) und andere seine Thesen überall in Iran bekannt. Trotzdem brachte das 13. Jahrhundert noch einmal eine spürbare Steigerung seines Einflusses. Sie zeigt sich erstmals bei Saifaddîn al-Âmidî (gest. 1233). Von ihm (der auch als Theologe und Jurist bekannt war) stammt *Die Enthüllung der Verfälschungen im Kommentar zu den «Hinweisen»*, ein Werk, das Avicennas *Hinweise und Mahnungen* ausdrücklich gegen die Kritik des Fakhraddîn ar-Râzî (vgl. oben S. 90) in Schutz nimmt. Die eigentliche Renaissance seiner Philosophie begann jedoch mit Kamâladdîn ibn Yûnus (gest. 1242). Aus dessen Feder ist uns zwar leider keine einzige Schrift erhalten. Aber wir wissen aus zahlreichen verlässlichen Quellen, dass er in Mossul eine umfangreiche Lehrtätigkeit entfaltete (vor allem in Philosophie und Mathematik), Korrespondenzen führte (unter anderem mit Friedrich II. von Hohenstaufen) und eine große Zahl von Schülern fand.

Zu ihnen zählte beispielsweise Nasîraddîn at-Tûsî (gest. 1274). Er war einer der auffälligsten Gelehrten des 13. Jahrhunderts: gerühmt als Mathematiker und Astronom, umstritten als schiitischer Theologe; zugleich Verfasser von über zwanzig philosophischen Werken, unter denen eine viel gelesene persische Ethik (*Die Ethik Nâsirs*) sowie eine weitere Verteidigung von Avicennas *Hinweisen und Mahnungen* gegen die Vorwürfe des Fakhraddîn ar-Râzî (*Die Lösung der Probleme der «Hinweise»*) am bekanntesten sind. Außerdem entstanden in seiner Umgebung drei ausgesprochen erfolgreiche philosophische Lehrbücher. Sie stammten von Athîraddîn al-Abharî (gest. um 1265), Nadjmaddîn al-Kâtibî (gest. 1277; vgl. für beide oben S. 87) und Sirâdjaddîn al-Urmawî (gest. 1283), die alle bei Tûsî studiert hatten oder mit ihm zusammen Schüler von Kamâladdîn ibn Yûnus waren. Diese drei Texte dienten einem gemeinsamen Zweck: Sie fassen jeweils die Hauptlinien der Philosophie Avicennas in enzyklopädischer Form (und mit Blick auf die theologische Anwendung) zusammen. Abharîs *Die Anleitung durch die Philosophie* tut dies in drei Teilen (Logik, Physik, Metaphysik), Kâtibîs *Die Weisheit hinsichtlich der wesentlichen Grundlagen* in zwei Abschnitten (Metaphysik, Physik), und Urmawîs *Die Erscheinungsorte der Lichter* weist ebenfalls eine Zweiteilung auf (Logik, Metaphysik).

Das Dreigestirn der Enzyklopädien sollte von nun an eine herausragende Position unter den Lehrbüchern einnehmen. Sie wurden so häufig im Unterricht benutzt, dass sich die Entwicklung der Philosophie im 14. und 15. Jahrhundert fast schon anhand der Kommentare und Glossen, die zu ihnen verfasst wurden, darstellen ließe. Es gab aber auch in dieser Zeit noch Autoren, die sich unmittelbar mit den Texten Avicennas beschäftigten. Badraddîn at-Tustarî (gest. 1307) und Qutbaddîn at-Tahtânî (gest. 1364) gehörten zu ihnen. Sie schrieben jeweils Werke mit dem Titel *Die Schiedsverhandlungen*, in denen sie den Streit zwischen Râzî und Tûsî über die richtige Auslegung der *Hinweise und Mahnungen* thematisierten. Wieder ein halbes Jahrhundert später wurde das Avicenna-Studium durch den Tahtânî-Schüler asch-Scharîf al-Djurdjânî (gest. 1413), der am Hof Timurs in Samarkand Erfolge feierte, und dessen Sohn Nûraddîn ibn al-Djurdjânî (gest. 1434) fortgesetzt.

Im Vergleich zu dieser langen Tradition wirkt die Reihe der Gelehrten, die an Suhrawardî anknüpften, eher bescheiden. Sie begann ebenfalls im 13. Jahrhundert, gewann aber weder den Umfang noch die Intensität der Debatte, die für die Philosophie in der Nachfolge Avicennas charakteristisch waren. Ein wichtiger Autor in dieser Linie war Schamsaddîn asch-Schahrazûrî (gest. 1288). Er kommentierte sowohl *Die Andeutungen* als auch *Die Philosophie der Erleuchtung* von Suhrawardî (vgl. oben S. 78). Außerdem stellte er die Lehre des Meisters in einem eingängigen und populären Werk mit dem Titel *Der göttliche Baum* dar. Zeitgleich mit ihm versuchte Ibn Kammûna (gest. 1284), ein jüdischer Gelehrter, der auch als Religionsphilosoph bekannt ist (vgl. seine berühmte *Überprüfung der Untersuchungen über die drei Religionen*), die wissenschaftliche Seite in Suhrawardîs Denken stärker herauszustellen. Das geschah ebenfalls in einem Kommentar zu *Die Andeutungen*. Außerdem verfasste Ibn Kammûna einen Text, in dem er Suhrawardîs originäre Leistung auf dem Gebiet der Logik hervorhob (*Die neue Philosophie bezüglich der Logik*). Daran konnte eine Generation später Qutbaddîn asch-Schîrâzî (gest. 1311) anknüpfen. Er verdankte seine wissenschaftliche Ausbildung zwar Nasîraddîn at-Tûsî, war aber in seinen philosophischen Überzeugungen eher an Suhrawardî orientiert. Von ihm stammen u. a. ein wichtiger Kommentar zu dessen *Philosophie der Erleuchtung* sowie *Die Perle der Krone*, ein origineller Text, in dem die Illuminationslehre auf Persisch dargelegt wird.

Nach Schîrâzî ist uns kein Autor bekannt, den man als «reinen» Vertreter der Illuminationsphilosophie bezeichnen könnte. Im Grunde war diese Einteilung schon vorher problematisch. Denn mehrere Denker, die gerade der Nachfolge Avicennas oder Suhrawardîs zugeordnet wurden, beschränkten sich nicht auf diese eine Linie, sondern waren an beiden Traditionen interessiert. Schîrâzî studierte, wie erwähnt, bei Tûsî (und glossierte ein Werk des Nadjmaddîn al-Kâtibî, der zum Tûsî-Kreis gehörte). Sein Vorgänger, Ibn Kammûna, war nicht nur ein großer Kenner der *Andeutungen* Suhrawardîs, sondern hat daneben Avicennas *Hinweise und Mahnungen* kommentiert. Auch der umgekehrte Fall kam vor. Das legen unsere Informationen über Athîraddîn al-Abharî nahe. Er hatte zwar mit seiner *Einführung in die Logik* (vgl. oben S. 87) und seiner *Anleitung durch die Philosophie* (vgl. oben S. 93) entscheidenden Anteil daran, dass Avicennas Lehre allenthalben verbreitet wurde. Aber nach seinen eigenen Angaben stammt von ihm auch ein Werk, das den Vorstellungen Suhrawardîs gewidmet ist.

Von einer Verschmelzung der Traditionen kam man allerdings erst später sprechen. Sie scheint sich im Verlauf des 14. Jahrhunderts angebahnt zu haben (z. B. bei ʿAlî Turka Isfahânî, gest. 1427) und im 15. Jahrhundert zu einem verbreiteten Modell geworden zu sein. Jetzt begegnen uns Autoren wie Ibn Abî Djumhûr al-Ahsâ'î (gest. nach 1501) und Djalâladdîn ad-Dawânî (gest. 1502). Sie verknüpften nicht nur die Lehren Avicennas und Suhrawardîs miteinander, sondern nahmen auch Konzepte, die von Ibn al-ʿArabî oder aus der islamischen Theologie stammten, in ihr Gedankengut auf. Bei Dawânî geschah das in Form eines vielgestaltigen Œuvres. Es umfasst neben zahlreichen theologischen Schriften Kommentare zu den «Avicennianern» Athîraddîn al-Abharî (*Die Einführung in die Logik*) und Sirâdjaddîn al-Urmawî (*Die Erscheinungsorte der Lichter*); einen Kommentar zu Suhrawardî (*Die Tempel des Lichts*); Erläuterungen zur Lehre Ibn al-ʿArabîs sowie eine Bearbeitung der Ethik des Tûsî (d. h. der *Ethik Nâsirs*), die unter dem Titel *Die Ethik Djalâls* bekannt geworden ist. Für Ibn Abî Djumhûr gilt Ähnliches, aber bei ihm wird der Wille zur Synthese noch greifbarer. Das liegt vor allem an seinem umfangreichen Werk *Der Enthüllende*. Dort macht er nämlich schon im Untertitel die programmatische Ankündigung, dass er sich «auf die Theologie, die beiden Philosophien (d. h. die Lehren Avicennas und Suhrawardîs) und den Sufismus» beziehen werde (*fî l-kalâm wal-hikmatain wa-t-tasauwuf*).

Ob diese Versuche, eine Synthese zu formulieren, gelungen sind, sei dahingestellt. Um das beurteilen zu können, müssten wir erst einmal zahlreiche Autoren des 14. bis 16. Jahrhunderts studieren. Bislang besitzen wir lediglich einige Anhaltspunkte, darunter etwa eine ausführliche Untersuchung über Ibn Abî Djumhûr al-Ahsâ'î. Sie demonstriert sehr deutlich, wie er mit den verschiedenen gedanklichen Strömungen ringt und sie teils harmonisiert, teils assoziativ nebeneinander stellt.

Das zeigt beispielsweise ein Blick auf seine Gotteslehre. Sie verbindet mehrere disparate Elemente. Einerseits akzeptiert Ibn Abî Djumhûr den klassischen Gottesbeweis der islamischen Theologen (die von der Zeitlichkeit der Welt auf die Existenz eines frei wählenden Schöpfergottes schlossen). Andererseits schließt er sich Avicenna an; ihm zufolge kann man aus der Kontingenz der möglich-seienden Dinge ableiten, dass es eine notwendig-seiende und notwendig-wirkende Ursache gibt (vgl.

oben S. 46 f.). Das führt Ibn Abî Djumhûr zu einem philosophischen Gottesbegriff. In diesem Sinne akzeptiert er, dass Gott die Welt hervorbringen musste und dass zumindest Teile von ihr von Ewigkeit her existieren. Aber dann will er auch diesen Gedanken wieder überhöhen, indem er nicht die philosophische Metaphysik, sondern die sufische Lehre von der Ein(s)heit des Seins (*wahdat al-wudjûd*) zum Fluchtpunkt und zum subtilsten Ausdruck des Ein-Gott-Glaubens (*tauhîd*) erklärt.

Ibn Abî Djumhûr lebte im Irak und in verschiedenen iranischen Städten. Damit wirkte er (wie Djalâladdîn ad-Dawânî) in dem Gebiet (zwischen Transoxanien und dem Fruchtbaren Halbmond), das seit dem 13. Jahrhundert als Zentrum der philosophischen Studien angesehen werden kann. Inzwischen war aber auch in anderen Regionen der islamischen Welt Interesse an der Philosophie aufgekommen. Das gilt weniger für den Westen der islamischen Ökumene (d. h. für den Maghreb), umso mehr aber für das Osmanische Reich, genauer gesagt für dessen Kerngebiete sowie für den Teil Indiens, der unter islamischer Herrschaft stand.

Im Maghreb verdient vor allem eine Person Erwähnung: Ibn Khaldûn (gest. 1406), der berühmte Historiker aus Tunis, dessen ausführliche *Einleitung* in die Geschichte (= der erste Band seiner Universalgeschichte) bis heute gelesen und diskutiert wird. Dieser Text lässt sich natürlich nicht mit den Werken, die gerade genannt wurden, vergleichen. Denn Ibn Khaldûn ging es nicht darum, eine Philosophie zu entwerfen, sondern die Bedingungen und Gesetzmäßigkeiten in den historischen Abläufen zu erklären. Gleichwohl ist sein Vorgehen ohne die Kenntnis der Philosophie kaum denkbar. Denn er verweist nicht nur mehrfach auf deren Teildisziplinen (Logik, Arithmetik usw.) und auf bestimmte Autoren (Averroes u. a.). Ibn Khaldûn entwickelt seine eigene Theorie auch mit Hilfe von philosophischen Konzepten (Potenz, Akt, Natur, Bedingung, Ursache, Beweis usw.) und versucht damit, die Analyse der Geschichte in den Rang einer Wissenschaft zu erheben.

Im Osmanischen Reich lässt sich das Aufkommen der Philosophie ab dem 15. Jahrhundert genauer verfolgen. In dieser Zeit kam es zu einem enormen Ausbau des Unterrichtswesens (mit den Zentren Edirne, Bursa und nach 1453 Konstantinopel), der vor allem von Mehmed II. vorangetrieben wurde. Er hatte zur Folge, dass sich die Lehrbücher, die wir inzwischen kennen, auch an den osmanischen Hochschulen verbreiteten. Abharîs *Einführung in die Logik* fand also neue Leser; seine *Anleitung durch die Philosophie* und Urmawîs *Erscheinungsorte der Lichter* wurden jetzt auch in Konstantinopel kommentiert.

Das führte unter anderem zu einem beachtlichen Aufschwung der logischen Studien. Sie wurden im Osmanischen Reich über viele Jahrhunderte gepflegt, wobei nicht nur das alte Handbuchwissen weitergegeben wurde, sondern auch neue Theorieelemente entwickelt wurden. Das lässt sich etwa an den Syllogismen mit relationalen Prämissen zeigen, zu deren Behandlung Ismâʿîl Gelenbevî (gest. 1791) in seiner Schrift *Der Beweis in der Wissenschaft vom Kriterium (des Denkens)* einen innovativen Beitrag geleistet hat.

Daneben entwickelte sich eine Debatte über Probleme der Physik und der Metaphysik. Sie kreiste um die Frage, wer in der berühmten Auseinandersetzung zwischen Ghazâlî und Averroes (d. h. konkret bei den zwanzig Fragen, die Ghazâlî in *Die Inkohärenz der Philosophen* behandelt hatte; vgl. dazu oben S. 59) im Recht gewesen sei. Diese Frage galt als brisant. Sie interessierte sogar Mehmed II. Deswegen setzte er für denjenigen, der die überzeugendste Antwort formulieren sollte, ein Preisgeld aus. Die Prämie erhielt schließlich ein Gelehrter namens Khodjazâde (gest. 1488). Sein Text (der ebenfalls unter dem Titel *Die Inkohärenz der Philosophen* erhalten ist) überzeugte die Juroren mehr als ein Beitrag, den ʿAlâʾaddîn at-Tûsî (gest. 1482) eingereicht hatte (*Der Schatz*). Damit war die Debatte aber noch nicht beendet. Denn einige Jahrzehnte später griff Kamâlpaschazâde (gest. 1533) zur Feder und verfasste Glossen, in denen er seine Ansichten zu Ghazâlîs *Inkohärenz* und zu den Ausführungen seiner Vorgänger festhielt.

Über die Entwicklung in Indien lassen sich leider noch keine verlässlichen Angaben machen. Hier wissen wir nur, dass es spätestens seit der Mogul-Zeit (d. h. ab dem 16. Jahrhundert) ein wachsendes Interesse an der Philosophie (d. h. an Avicenna, Suhrawardî, Ibn al-ʿArabî usw.) gab. Wie es sich im Einzelnen manifestierte, kann man zur Zeit nicht sagen. Die Forschung über dieses Gebiet ist im Grunde ein einziges Desiderat. Wir kennen im Moment lediglich die Namen zahlreicher Gelehrter (wie Fathallâh asch-Schîrâzî, ʿAbdallâh von Tulumba und Muhammad al-ʿIlmî im 16. Jahrhundert, Muhammad al-Djaunpûrî und ʿAbdalhakîm as-Siyâlkûtî im 17. Jahrhundert usw.) und die Titel vieler Werke. Aus ihnen geht hervor, dass in den philosophischen Debatten nicht nur die Logik, sondern auch die Physik und die Metaphysik zur Sprache kamen.

All das bedarf natürlich noch einer eingehenden Untersuchung. Das gilt keineswegs nur für Indien, sondern für sämtliche Traditionslinien, die in diesem Kapitel angedeutet worden sind. Der Zeitraum vom 13. bis zum 16. Jahrhundert (man könnte für weite Teile der islamischen Welt auch sagen: bis zum 19. Jahrhundert) ist bislang kaum erforscht worden. Dafür kann man mehrere Gründe nennen: den schieren Umfang des Materials; die Unzugänglichkeit der Texte (die in der Regel nicht ediert sind); die Komplexität der Problemstellungen (die durch den ständigen Bezug auf ältere Werke bedingt ist). Außerdem lautet ein oft wiederholtes Vorurteil, dass sich die Analyse dieser Schriften gar nicht lohne, weil wir es ohnehin nur mit Kommentaren und Glossen, will heißen: mit ermüdenden Repetitionen zu tun hätten. Das ist gewiss voreilig. Denn Philosophie, ja Wissenschaft überhaupt entwickelt sich meistens in der Auseinandersetzung mit älteren Thesen. Das wissen wir von den Traditionen, die das europäische Denken geprägt haben (man denke nur an den Aristotelismus mit seiner jahrhundertelangen Kommentarliteratur), und es dürfte in der islamischen Welt nicht anders gewesen sein.

14. Ein neuer Ansatz: Mullâ Sadrâ und die Schule von Isfahan

Dass die beharrliche Reflexion über die vertrauten Texte zu neuen Ergebnissen führte, lässt sich im Übrigen schon jetzt an der Entwicklung in Iran nachweisen. Dort bestand über Jahrhunderte hinweg eine eindrückliche Tradition philosophischer Studien, die bereits länger die Aufmerksamkeit der Forschung gefunden hat. Zu ihr zählten Autoren wie Ibn Abî Djumhûr al-Ahsâ'î und Djalâladdîn ad-Dawânî, die schon oben erwähnt wurden (vgl. S. 95 f.), Sadraddîn Muhammad ad-Daschtakî (gest. 1497) und sein Sohn Ghiyâthaddîn Mansûr ad-Daschtakî (gest. 1542), Schamsaddîn Muhammad al-Khafrî (gest. 1535) und Nadjmaddîn Mahmûd an-Nairîzî (gest. nach 1536). Darüber hinaus kam es gegen Ende des 16. Jahrhunderts zur Ausbildung einer Lehrtradition, die besonders einflussreich werden sollte und die bis heute als die «Schule von Isfahan» bekannt ist.

Den Auftakt dazu bildete Mîr Dâmâd (gest. 1630), ein Gelehrter aus Nordiran (Astarâbâd, später Maschhad), der lange Zeit in Isfahan wirkte. Dort entfaltete er eine viel beachtete und einflussreiche Unterrichtstätigkeit, die ihm den Ehrentitel «der dritte Lehrer» (nach Aristoteles und Fârâbî) eintrug. Sein Œuvre ist immens (Philosophie, Koranexegese, Hadithauslegung, Theologie, Recht und eine Vielzahl von Gedichten); doch in der Regel werden zwei Schwerpunkte in seinem Denken hervorgehoben. Einer betrifft die Erkenntnislehre. Der andere sind seine Spekulationen über die Zeit, die sich im Grenzbereich zwischen Physik und Metaphysik bewegen.

In der Epistemologie erinnern manche seiner Aussagen an die Vorstellungen Suhrawardîs (bzw. Ibn al-ʿArabîs). Denn Mîr Dâmâd meint ebenfalls, dass wir auf dem Wege der Intuition Erkenntnisse gewinnen (durch Illumination/*ischrâq* bzw. durch eine visionäre Schau/*kaschf*). Er ist sogar davon überzeugt, solche Erfahrungen persönlich gemacht zu haben, und notiert in Protokollen, welche Einsichten er dabei erhielt (z. B. für den 16. Schaʿbân 1023 Hidjra/21. September 1623 n. Chr. die Einsicht in den Ursprung/*mabda*ʾ und das Ziel/*maʿâd* unseres Daseins). Allerdings betrachtet er diesen Weg nicht als exklusiv. Vielmehr soll das diskursive Denken ebenfalls zu Erkenntnissen führen. Nach seiner Ansicht befruchten sich diese beiden Wege sogar. Denn die Tätigkeit unseres Intellekts soll die Möglichkeit einer intuitiven Einsicht fördern, die Einsicht wiederum das diskursive Denken stimulieren und uns zur Entwicklung neuer Konzepte anregen.

Ähnlich synthetisch geht Mîr Dâmâd vor, wenn er seine Überlegungen über die Zeit entwickelt. Sie nehmen ihren Ausgang von der alten Frage, ob die Welt von Ewigkeit her existiere oder in der Zeit entstanden sei. Dazu hatten sich inzwischen zahlreiche Denker geäußert. Aber das Problem harrte nach wie vor einer Lösung. Bislang war es nämlich niemandem gelungen, ein Konzept vorzulegen, das beiden in diesen Streit involvierten Parteien genügte: den Philosophen, die aus der Unveränderlichkeit und Vollkommenheit Gottes ableiteten, dass er die Welt von Ewigkeit her hervorgebracht haben müsse; und den Theologen, die – in ihrer großen Mehrheit zumindest – an der Zeitlichkeit der Schöpfung festhielten und jede Abweichung von dieser Meinung als Unglaube (*kufr*) brandmarkten (in Anlehnung an Ghazâlîs *Die Inkohärenz der Philosophen*; vgl. oben S. 59).

Mîr Dâmâd eröffnet das Thema damit, dass er eine neue Kategorie einführt. Sie soll den Ausweg aus dem Dilemma zeigen, das ohnehin nur durch die falsche Alternative «Ewigkeit versus Zeit(lichkeit)» entstanden sei. Nach seiner Ansicht muss man nämlich drei Ebenen der Betrachtung unterscheiden: die absolute Ewigkeit, die Mîr Dâmâd mit dem persischen Wort *sarmad* bezeichnet; die Zeitlosigkeit (arab. *dahr*); und die Zeit (arab. *zamân*). Jede dieser Ebenen sei durch eine eigene relationale Struktur gekennzeichnet: die Ewigkeit durch die Beziehung des Beständigen zum Beständigen; die Zeitlosigkeit durch die Beziehung des Beständigen zum Veränderlichen; die Zeit schließlich durch die Relationen, die zwischen den veränderlichen, dem Werden und Vergehen unterworfenen Dingen existieren. Das aber bedeutet, dass auch die Entstehung der Welt nicht auf einen einzigen (ewigen oder zeitlichen) Vorgang reduziert werden sollte. Sie geschah vielmehr in zwei Schritten, in denen die komplexe, dreigliedrige Struktur der «Zeit»-Ebenen etabliert wurde. Erst brachte Gott (der ganz der Sphäre des *sarmad* angehört) die Archetypen hervor (die der Sphäre des *dahr* zuzuordnen sind); das geschah in einem Akt, den Mîr Dâmâd als «zeitlose Entstehung» (*hudûth dahrî*) bezeichnet. Dann schuf Gott in Anschauung der Archetypen die sichtbare Welt, den Bereich des Werdens und Vergehens; ihre Ebene ist der *zamân*, weshalb der zweite Schöpfungsvorgang als «zeitliche Entstehung» (*hudûth zamânî*) definiert wird.

Dieses Konzept sollte große Zustimmung unter den iranischen Denkern finden. Gleiches gilt für die zuvor skizzierten epistemologischen Überlegungen, die ebenfalls weithin akzeptiert worden sind. Trotzdem wurde Mîr Dâmâd nicht zur Leitfigur der Isfahaner Schule. Diese Rolle musste er einem Gelehrten, der bei ihm studiert hatte, überlassen. Die Rede ist von Sadraddîn asch-Schîrâzî (gest. 1640), der unter dem Namen Mullâ Sadrâ berühmt geworden ist.

Seine Bedeutung ist von der Forschung früh erkannt worden. Deswegen ist sein Œuvre – im Gegensatz zu den Werken vieler anderer Denker – relativ gut erschlossen. Es umfasst zahlreiche Schriften zu religiösen Themen (Koranexegese, Hadithauslegung usw.), aber auch ein umfangreiches Textcorpus, das der Philosophie gewidmet ist. Letzteres belegt zunächst, wie gut sich Mullâ Sadrâ in der philosophischen Tradition auskannte. Aus seiner Feder stammen eine Reihe wichtiger Kommentare, etwa zu Abharîs *Die Anleitung durch die Philosophie*, zu Suhrawardîs *Die Philosophie der Erleuchtung*, zu Avicennas *Die Heilung* und sogar zur *Theologie des Aristoteles*. Trotzdem stehen in seinem Fall die kommentierenden Schriften nicht im Vordergrund. Entscheidend sind vielmehr die Werke, in denen sich sein eigenes Denken entfaltet. Hier überragt ein Text alle anderen: das berühmte Buch über *Die vier Reisen*, das den Leser auf vier Wegen an das Ziel seiner Erkenntnis führen soll (I. Metaphysik, d. h. Ontologie; II. Physik, d. h. die Lehre von den bewegten Substanzen und Akzidenzien; III. Theologie, d. h. die Lehre von Gott und seinen Attributen; IV. Psychologie, d. h. die Lehre vom Menschen und seiner Bestimmung).

Im Mittelpunkt dieses Werkes steht die Frage nach dem Sein. Schon das unterscheidet Mullâ Sadrâ von seinem Lehrer. Mîr Dâmâd war nämlich (wie Suhrawardî) davon ausgegangen, dass dem Sein lediglich eine sekundäre Rolle zukomme; vorgeordnet seien die Essenzen (d. h. die Essenzen der zu erschaffenden Dinge), die schon, bevor sie in die Existenz träten, eine fest umrissene Realität bildeten. Anders nun Mullâ Sadrâ. Für ihn kann nur das Sein Priorität besitzen. Es stellt die umfassende Realität dar, die alles, was ist (einschließlich Gottes), in sich schließt. Allerdings darf man dabei einen wichtigen Unterschied nicht übersehen. Denn der Begriff des Seins wird nicht synonym, sondern analog (*bi-t-taschkîk*) verwendet. Er kommt also den Seienden auf jeweils andere Weise zu. Gottes Sein ist absolut (*mutlaq*) und in jeder Hinsicht vollkommen. Das Sein der Geschöpfe hingegen muss man als defizitär bezeichnen, weil sie von anderem abhängig, unvollkommen und kontingent sind. Selbst im Bereich der Schöpfung lassen sich aber bei genauerer Betrachtung noch einmal verschiedene Seinsweisen (*anhâ' al-wudjûd*) unterscheiden. Denn je weiter eine Kreatur von Gott entfernt ist, desto kleiner wird der Anteil, den sie am Sein besitzt.

Dass die Welt überhaupt existiert, erklärt Mullâ Sadrâ damit, dass Gott denkt und dass sein Denken eine Wirkung hervorbringt. Damit steht er in einer langen Tradition, die, wie wir gesehen haben, über Avicenna hinaus bis zu Fârâbî zurückreicht (vgl. oben S. 34). Im Gegensatz zu diesen älteren Autoren meint Mullâ Sadrâ jedoch nicht, dass Gottes Denken eine einzige Entität bewirke (bei Fârâbî und Avicenna: den ersten Intellekt). Nach seiner Ansicht umfasst die göttliche Selbstreflexion vielmehr zwei Aspekte, die auch zu unterschiedlichen ontischen Konsequenzen führen.

Eine Folge besteht darin, dass Gott ein reines Sein hervorbringt. Es ist – wie er selbst – absolut, ohne Verschiedenheit, vollkommen eines. Im Unterschied zu ihm bleibt es jedoch nicht auf sich selbst beschränkt, sondern kann mit und in den Dingen (die es hervorbringen wird) existieren. Deswegen spricht Mullâ Sadrâ davon, dies sei «das Sein, das sich selbst entfaltet» (*al-wudjûd al-munbasit*). Es ist «mit dem Ewigen ewig», «mit dem Zeitlichen zeitlich», «mit dem Notwendigen notwendig» und «mit dem Möglichen möglich». Mit anderen Worten: Es ist Gottes Zeuge in der Schöpfung. In ihm hat sich seine Relation zu dem, was entstehen wird, manifestiert.

Das zweite Ergebnis der göttlichen Selbstreflexion verweist bereits auf die Vielheit der Dinge. Es sind nämlich die Attribute Gottes (*sifât Allâh*), die im Koran genannt werden und seit jeher von den islamischen Theologen diskutiert worden sind (d.h. Allmacht, Wissen, Leben usw.). Sie erhalten bei Mullâ Sadrâ eine doppelte Funktion: Einerseits bilden sie, wie es der theologischen Tradition entspricht, die verschiedenen Aspekte des Göttlichen. Andererseits werden sie, was an Mîr Dâmâd bzw. an Ibn al-ʿArabî erinnert, als Archetypen der Schöpfung interpretiert. Als solche kann Mullâ Sadrâ sie mit den platonischen Ideen identifizieren und erklären, dass in ihnen die Formen der zu erschaffenden Dinge präfiguriert seien.

An der Schöpfung selbst sind sowohl «das Sein, das sich entfaltet» als auch die Attribute Gottes beteiligt. Ersteres ruft die Dinge in die Existenz. Letztere formen die Dinge und verleihen ihnen ihr Spezifikum, also ihre Essenz. So entsteht ein Kosmos, der eigentlich harmonisch ist, weil er in jeder Hinsicht das Göttliche spiegelt. Aber das heißt nicht, dass er in einem Zustand der Vollendung wäre und keine innere Dynamik mehr, kein Streben nach Vollkommenheit besäße.

Hier setzt vielmehr eine weitere Lehre ein, für die Mullâ Sadrâ berühmt wurde. Gemeint ist die Idee, dass sich das gesamte geschaffene Sein in einer «substantiellen Bewegung» (*haraka djauharîya*) befinde. Sie geht davon aus, dass alle Geschöpfe (unabhängig von ihrem jeweiligen Platz in der Hierarchie) eine unvollkommene Seinsstufe besitzen. Also dürfen die Dinge auch nicht als feste Substanzen, als unverrückbare Bausteine des Seins (d. h. als Substanzen im aristotelischen Sinn) betrachtet werden. Jedes Geschöpf strebt vielmehr danach, sein Sein zu vervollkommnen. Das heißt konkret: Es möchte eine größere Nähe zu Gott gewinnen. Deswegen durchzieht das Sein eine aufwärts gerichtete «substantielle Bewegung». So wie es von seinem Ursprung (*mabda'*) ausgegangen ist, möchte es dereinst wieder zu ihm zurückkehren (*ma'âd*).

Das könnte man an zahlreichen konkreten Beispielen zeigen. Am eindrücklichsten manifestiert sich dieser Vorgang jedoch an uns selbst, d. h. an dem Weg, den unsere Seele (*nafs*) nimmt. Sie entsteht laut Mullâ Sadrâ zusammen mit unserem Körper. Ja, sie ist anfänglich sogar an das körperliche Sein gebunden, denn Mullâ Sadrâ glaubt nicht – wie Avicenna (vgl. oben S. 50 f.) –, dass die Seele als eigene, geistige Substanz geschaffen werde. Gleichwohl wohnt in ihr von Beginn an ein auf das Geistige gerichtetes Streben. Sie will sich reinigen, um als Gereinigte Wissen zu erwerben. Das führt dazu, dass die Seele «an Sein» gewinnt, denn sie kommt auf dem Weg des Erkennens dem göttlichen Sein immer näher. So erklärt es sich, dass wir schließlich im Zustand des vollkommenen Wissens zu Gott, unserem Seinsgrund, zurückkehren können.

15. Die Herausforderung durch das europäische Denken

Mullâ Sadrâs Entwurf fand weithin Zustimmung und wurde zum Ausgangspunkt einer eigenen philosophischen Schule. Ihr Zentrum blieb stets Iran. Aber ihr Einfluss erreichte auch andere Teile der islamischen Welt, namentlich Indien. Dort wurde vor allem der Kommentar, den Mullâ Sadrâ zu Abharîs Kompendium über *Die Anleitung durch die Philosophie* geschrieben hatte, häufig gelesen und als Textbuch im Unterricht an der Madrasa verwendet. In Iran selbst war die Rezeption seiner Schriften erwartungsgemäß breiter. Dafür sorgten schon seine Schüler, die sich bemühten, sein gesamtes Œuvre (Kommentare und selbständige Abhandlungen) zu bewahren und weiterzugeben. Unter ihnen ragen im 17. Jahrhundert drei Namen heraus: ʿAbdarrazzâq al-Lâhîdjî (gest. 1661) und Muhsin Faiz Kâschânî (gest. 1680), beide nicht nur Studenten, sondern auch Schwiegersöhne des Meisters, sowie Qâdî Saʿîd Qummî (gest. 1691), der wiederum bei Lâhîdjî studiert hat.

Vom späten 18. Jahrhundert an konzentrierte sich das Interesse dann ganz auf das Hauptwerk Mullâ Sadrâs, d. h. auf *Die vier Reisen*. Mullâ ʿAlî Nûrî (gest. 1831) war der erste, der diesen umfangreichen Text kommentierte, Mullâ Hâdî Sabzawârî (gest. 1872) derjenige, dessen Auslegung die größte Verbreitung und Anerkennung fand. Er gilt bis heute als der bedeutendste Interpret Mullâ Sadrâs. Aber auch im 20. Jahrhundert hat man sich intensiv mit dessen Werk beschäftigt. Zu nennen ist hier vor allem Saiyid Muhammad Husain Tabâtabâʾî (1903–1981), dem wir neben einer großen Zahl anderer wichtiger Schriften (darunter ein umfangreicher Korankommentar) eine vollständig kommentierte Neuausgabe der *Vier Reisen* verdanken.

Im arabischen Sprachraum (der lange Zeit mehrheitlich zum Osmanischen Reich gehörte) lässt sich keine vergleichbare Entwicklung beobachten. Hier wurde die Schule von Isfahan kaum wahrgenommen und auch keine eigene philosophische Bewegung, die eine ähnliche Ausstrahlung besessen hätte, ausgelöst. Wenn sich Gelehrte des 18. oder des beginnenden 19. Jahrhunderts für Philosophie interessierten, geschah das in der Regel im Rahmen des theologischen Unterrichts, bei der Lektüre von altvertrauten Kompendien. Ein Beispiel dafür ist der Ägypter Ibrâhîm al-Bâdjûrî (gest. 1860). Er lehrte viele Jahre lang an der Azhar und schrieb für seine Schüler eine Fülle kommentierender Schriften (zur Theologie, zum Recht usw.). Unter ihnen finden sich auch Glossen zu *Die glänzende Leiter,* also zu dem bekannten Lehrgedicht über die Logik, das ʿAbdarrahmân al-Akhdarî Anfang des 16. Jahrhunderts verfasst hatte (vgl. oben S. 91). Darin breitet Badjûrî den Unterrichtsstoff aber völlig konventionell aus, d. h. ohne auf die innovativen Ansätze, die inzwischen von einzelnen osmanischen Autoren entwickelt worden waren (vgl. oben S. 97 zu Ismâʿîl Gelenbevî), einzugehen.

Als Bâdjûrî diese Glossen schrieb, hatte sich die politische und kulturelle Situation allerdings längst auf dramatische Weise verändert. Denn zu diesem Zeitpunkt konnte man die Augen nicht mehr vor der Tatsache verschließen, dass die islamische Welt (wie auch andere Regionen der Erde) vor einer immensen Herausforderung durch die europäischen Mächte stand. An sich war dieses Problem nicht neu. Die wirtschaftliche, technische und kulturelle Dominanz, die von Europa ausging, war schon länger spürbar. Deswegen hatte der osmanische Hof bereits zu Beginn des 18. Jahrhunderts versucht, der bedrohlichen Entwicklung zu begegnen, indem er eine kulturelle Öffnung propagierte und sich offiziell um die Aneignung der Wissensgüter und Fertigkeiten aus Europa bemühte (zum Beispiel durch Übersetzungen ins Osmanische). Im 19. Jahrhundert gewann die Herausforderung jedoch eine ganz andere Brisanz. Denn jetzt ging es nicht mehr darum, sich gegenüber Mächten, die auf einem anderen Kontinent lagen, zu behaupten. Die fortschreitenden und scheinbar unaufhaltsamen europäischen Eroberungen (1798–1801 französische Invasion in Ägypten; ab 1830 Besetzung Algeriens usw.) führten vielmehr dazu, dass von nun an die

Auseinandersetzung in den islamischen Ländern selbst stattfand.

Die Folgen dieser Ereignisse waren immens und erstreckten sich nicht nur auf die Politik, sondern auf alle Lebensbereiche. Die Kultur einschließlich der Philosophie und der anderen Wissenschaften war sogar in besonderem Maße davon betroffen, denn hier fand die geistige Auseinandersetzung, das Ringen mit den Ideen der Europäer, das Forschen nach den externen und internen Ursachen der dramatischen Entwicklung statt. Wie das im Einzelnen geschah und welche Thesen dabei vertreten wurden, kann im Rahmen dieser knappen Übersicht nicht geschildert werden. Deswegen beschränkt sich die Darstellung im Folgenden darauf, einige wenige Aspekte, die für die weitere Entwicklung der Philosophie charakteristisch waren, hervorzuheben. Ihre Auswahl ist zwangsläufig selektiv, aber sie können veranschaulichen, welche Veränderungen das geistige Klima im 19. und im 20. Jahrhundert erlebte. Außerdem wird schon an diesen wenigen Beispielen deutlich, wie tief greifend der Umbruch in der islamischen Welt war.

Ein auffälliges Phänomen bestand darin, dass die Beschäftigung mit der Philosophie seit der Mitte des 19. Jahrhunderts zunehmend mit historischen und kulturgeschichtlichen Betrachtungen verbunden wurde. Sie kreisten um die Frage, wie sich «der Islam» (worunter sowohl die Religion als auch die Kultur und die islamische Gemeinschaft verstanden werden konnten) in der Geschichte bzw. gegenüber den Herausforderungen der Moderne positionieren sollte. Warum hatte die islamische Welt ihre einstmals dominante Stellung eingebüßt? Welche Rolle spielten in diesem Prozess die Religion bzw. die Philosophie und die Wissenschaften? Was bedeutete das für die Vereinbarkeit von Philosophie und Religion? Und welche Konsequenzen sollte man daraus für den Umgang mit der Moderne ableiten? Die Antworten, die auf solche Fragen von Gelehrten wie Saiyid Ahmad Khan (1817–1898), Djamâladdîn al-Afghânî (1838–1897) und Muhammad ʿAbduh (1849–1905) gegeben wurden, weisen eine große Offenheit und Flexibilität auf, aber sie tragen auch apologetische Züge. Denn einerseits mündeten ihre Thesen in der Aufforderung, die Errungenschaften der modernen Wissenschaft und Technik zu übernehmen. Andererseits behaupteten insbesondere al-Afghânî und ʿAbduh, der Islam sei (im Gegensatz etwa zum Christentum) schon immer eine vernunftorientierte, rationale Religion gewesen, so dass er nur zu seiner ursprünglichen Form zurückkehren müsse, um für alle Herausforderungen der Gegenwart gewappnet zu sein. Solche Deutungsansätze lassen ein ambivalentes Verhältnis zur Moderne erkennen. Sie verbinden eine bewusste Öffnung gegenüber wissenschaftlichen und technischen Entwicklungen mit axiomatischen und letztlich ahistorischen Behauptungen über die eigene Tradition. Diese Ambivalenz ist allerdings keine Besonderheit der innermuslimischen Debatte. Sie lässt sich seit dem 19. Jahrhundert auch in Europa beobachten, wo ebenfalls unterschiedliche Konzepte von Moderne und Gegenmoderne entwickelt wurden und in offene Konkurrenz zueinander traten.

Deswegen ist es auch nicht verwunderlich, dass die Debatte in der islamischen Welt häufig in Kenntnis westlicher Positionen geführt wurde. Diese Kenntnis entwickelte sich regional unterschiedlich. In Ägypten zum Beispiel las man schon in der ersten Hälfte des 19. Jahrhunderts die Werke mehrerer europäischer Denker. In Iran dagegen, das ja seine eigene philosophische Tradition bewahrt hatte, wurde im gesamten 19. Jahrhundert nur ein einziger philosophischer Text (der *Discours de la méthode* von Descartes) aus einer europäischen Sprache ins Persische übersetzt (und das auf Betreiben des französischen Botschafters in Teheran). Langfristig war die Entwicklung jedoch überall ähnlich. Sie begann mit einzelnen, auf bestimmte Ideen und Thesen beschränkten Kontakten und führte spätestens in der Mitte des 20. Jahrhunderts zu einer Rezeption, die umfassend war und das gesamte europäische Denken einbezog.

Ein schönes Beispiel für das erste Stadium dieses Prozesses ist der bereits erwähnte ägyptische Denker Muhammad ʿAbduh. Seine berühmte *Abhandlung über den Ein-Gott-Glauben* ist weitgehend den Lehren der klassischen islamischen Theologie (Aschʿariten und Mâturîditen) verpflichtet; aber der Text enthält auch eine kurze Betrachtung über die religiöse Entwicklung der Menschheit, die sich wie eine muslimische Antwort auf die Drei-Stadien-Lehre von Auguste Comte liest.

Die zweite Phase der Rezeption fiel, wie erwähnt, in das 20. Jahrhundert. Jetzt begann man – wie überall auf der Welt –, die wichtigsten Vertreter und Strömungen der europäischen Philosophie systematisch zu studieren. Das führte dazu, dass ihre Positionen jeweils aufgegriffen wurden und affirmative oder kritische Interpreten in der islamischen Welt fanden. Das ließe sich in ganz verschiedenen Ausprägungen zeigen, aber es genügt vielleicht, hier einige prominente Beispiele anzuführen. So vertrat Yûsuf Karam (1886–1959) – ein christlicher Philosoph – ein weitgehend neoaristotelisches und neothomistisches Weltbild, Zakî Nadjîb Mahmûd (1905–1993) einen am Wiener Kreis orientierten logischen Positivismus, ʿAbdarrahmân Badawî (1917–2002) einen an Heidegger geschulten Existentialismus und Muhammad ʿAzîz Lahbabi (al-Habbâbî) (1922–1993) einen Personalismus, der unter anderem auf Thesen von Henri Bergson zurückgriff.

Solche Bezugnahmen hingen mit einem weiteren wichtigen Phänomen zusammen. Gemeint ist der Umstand, dass sich die Philosophie inklusive der Philosophiegeschichte zu einem eigenen akademischen Fach entwickelte, das an den Universitäten gelehrt wurde. Das war nicht immer der Fall, denn bis weit ins 19. Jahrhundert hinein wurde die Philosophie meistens in einem funktionalen Zusammenhang mit den religiösen Wissenschaften gesehen. Das gilt sowohl für Iran, wo man sie als Krönung des metaphysischen Denkens betrachtete (so noch Sabzawârî und Tabâtabâ'î), als auch für die arabische Welt, wo sie eher als Instrument und als Propädeutik zur Theologie und zur Rechtswissenschaft galt (so noch Bâdjûrî; daher sein Schwerpunkt auf der Logik). Ab der zweiten Hälfte des 19. Jahrhunderts änderte sich diese Auffassung jedoch langsam. Man begann (wieder), die Eigenständigkeit der Philosophie anzuerkennen. Ablesbar ist das etwa an der Tatsache, dass sie seit 1867 als eigenes Fach im Lehrplan der Azhar aufgeführt wurde. Zu einem eigentlichen Aufschwung der Disziplin kam es jedoch erst im 20. Jahrhundert. Wesentlichen Anteil daran hatten Gelehrte wie Mustafâ

ʿAbdarrâziq (1883–1947). Er unterrichtete (nach Studien in Kairo und Paris) nicht nur an der Azhar, sondern bemühte sich in seinen *Prolegomena zur Geschichte der islamischen Philosophie* auch, ein eigenes Verständnis für das philosophische Denken in der islamischen Welt zu entwickeln. In der Generation nach ihm wirkten dann zahlreiche Vertreter einer akademischen Philosophie (ʿUthmân Amîn, Mahmûd al-Khudairî, Ibrâhîm Madkûr, ʿAbdalhâdî Abû Rîda, der bereits erwähnte ʿAbdarrahmân Badawî u. a.). Sie befassten sich in ihren Studien sowohl mit der europäischen als auch mit der islamischen Tradition. Außerdem begannen sie, wichtige Texte der früheren Autoren zu edieren, so dass die Hauptwerke Kindîs, Avicennas u. a. inzwischen in gedruckter Form (wenn auch längst noch nicht vollständig) zugänglich sind.

Das führt uns schließlich zu unserem letzten Punkt, nämlich der Auseinandersetzung, die heutige Denker mit ihrem eigenen Erbe *(turâth)* leisten. Sie ist vielleicht der spannendste Aspekt an den Entwicklungen des 20. Jahrhunderts, denn hier treffen sich gleich mehrere Fragestellungen und Erkenntnisinteressen: die Deutung der Philosophie früherer Jahrhunderte; ihre Bedeutung für heutige Muslime; das Selbstverständnis zeitgenössischer Autoren, die sich mit diesem Thema befassen; die grundsätzliche Bestimmung des Verhältnisses von Islam und Rationalität bzw. von Islam und Moderne sowie die immer wiederkehrende Frage nach der eigenen (kollektiven?, individuellen?) Identität und Authentizität *(asâla)*. Die Problemlage ist also komplex. Das gilt auch für die Voraussetzungen, unter denen sie erörtert wird. Denn der Blick auf die Vergangenheit wird nicht nur von Wahrnehmungsmustern bestimmt, die innerhalb der islamischen Welt entwickelt worden sind. Es gibt auch externe Gesichtspunkte, die einflussreich sind, etwa die Wahl der bei der Untersuchung anzuwendenden Theorie bzw. Methode (z. B. Hermeneutik, Strukturalismus, Dekonstruktion usw.). Außerdem ist die islamische Philosophie ja längst zum Gegenstand der westlichen Forschung geworden, deren Ergebnisse und Wertungen wieder auf die eigene, muslimische Wahrnehmung zurückwirken.

Entsprechend vielfältig sind die Deutungen, die uns zu maßgeblichen islamischen Autoren (Avicenna, Ghazâlî, Averroes, Suhrawardî, Mullâ Sadrâ u.a.) im 20. Jahrhundert begegnen. Sie zu untersuchen ist eine lohnende Aufgabe, die viele Aufschlüsse über die Geschichte der Philosophie, aber auch über die Selbstdeutung heutiger muslimischer Intellektueller verspricht. Hier kann zum Abschluss allerdings nur eine kleine Auswahl solcher Interpretationen kurz zu Wort kommen. Sie wurden in verschiedenen Regionen der islamischen Welt entwickelt und zeigen eindrücklich, wie unterschiedlich der Umgang mit dem eigenen philosophischen Erbe sein kann.

Eine dieser Interpretationen stammt von dem Marokkaner Muhammad al-Djâbirî (1936–2010). Er begann 1958 mit seinem Studium in Damaskus und lehrte ab 1967 Philosophie an der Universität Rabat. Dort entwickelte er in mehreren bekannten Büchern (am ausführlichsten in der dreibändigen *Kritik der arabischen Vernunft*) seine Thesen zur islamischen Geistesgeschichte. Sie gehen, wie er immer wieder betont hat, von einem «epistemologischen Bruch» zwischen den östlichen Gebieten *(maschriq)* und dem westlichen Teil *(maghrib)* der islamischen Welt aus. Im Osten konstatiert Djâbirî die Tendenz, die Philosophie mit der Religion, ja mit mystischen und esoterischen Elementen zu vermischen. Der Vorreiter dieser Entwicklung sei Avicenna gewesen, bei dem die Neigung zu irrationalen Problemlösungen und zur Realitätsferne unübersehbar sei. Im Westen habe sich dagegen eine Tradition des kritischen Rationalismus herausbilden können. Er sei im 11. Jahrhundert in Spanien vorbereitet worden und habe schließlich mit Averroes seinen Höhepunkt erreicht. Entscheidend ist für Djâbirî indes, wie – bzw. wo – diese Haltungen später rezipiert wurden. Denn mit der Rezeption sei es zu einer historischen Weichenstellung gekommen, die immense, bis heute sichtbare Konsequenzen nach sich gezogen habe. Die Muslime entschieden sich nämlich, so Djâbirî, für das östliche, «avicennistische» Denken. Das führte dazu, dass ihre wissenschaftliche Entwicklung stagnierte und dass sie nach Jahrhunderten des Stillstands schließlich der Dominanz der Europäer ausgeliefert waren. Averroes' Ideen feierten dagegen an anderer Stelle Triumphe. Sie fanden den Weg nach Europa und entfalteten dort eine ungeahnte Wirkung. Sie gaben nämlich (immer laut Djâbirî) den entscheidenden Anstoß dazu, dass sich im Europa der Neuzeit die Wissenschaften und überhaupt eine rationale Betrachtungsweise der Realität durchsetzen konnten.

Eine ganz andere Sicht auf die Philosophiegeschichte wird erkennbar, wenn man die Interpretationen zeitgenössischer Iraner in den Blick nimmt. Ihr Bezugspunkt ist natürlich die von Djâbirî kritisierte «östliche» Tradition und dort insbesondere Mullâ Sadrâ (vgl. oben S. 101 ff.). Aber das Denken Mullâ Sadrâs wird in Iran keineswegs als defizitär betrachtet, sondern als Vollendung der Philosophie einschließlich der Erkenntnislehre (verstanden als «kritischer Realismus») und der Ontologie (verstanden als «Existenzphilosophie») angesehen. Von diesem selbstbewussten Standpunkt aus haben sich viele zeitgenössische iranische Denker mit europäischen Autoren wie Kant oder Heidegger beschäftigt. Dabei können die Intentionen, die ihrer Lektüre zugrunde liegen, durchaus unterschiedlich sein (neben der Komparatistik sind es u. a. die Apologetik und die Kritik des «westlichen» Denkens). Häufig führt die Auseinandersetzung aber auch zu Ergebnissen von allgemeiner philosophischer Relevanz. Das lässt sich zum Beispiel in den Werken von Mahdî Hâ'irî Yazdî (1923–1999) nachweisen. Er kannte die gesamte «östliche» Tradition (Avicenna, Suhrawardî, Mullâ Sadrâ), aber er besaß auch eine profunde Kenntnis der europäischen (Kant, Russell, Wittgenstein u. a.) und der amerikanischen (James u. a.) Autoren. Denn Hâ'irî Yazdî studierte lange Zeit in den USA und in Kanada (an den Universitäten Georgetown, Harvard, Michigan und Toronto) und war dort sogar (bis zu seiner Rückkehr nach Iran im Jahr 1979) als akademischer Lehrer tätig. Auf dieser Grundlage ging er daran, die Werke älterer islamischer Autoren zu sichten. Dabei ging es ihm weniger um ihre historische Einordnung als um ihren philosophischen Gehalt. Dieser Zugang erwies sich als fruchtbar. Denn seine Kenntnis der europäischen Philosophie (insbesondere Kants) ermöglichte es Hâ'irî Yazdî, neue Zugänge zu den großen Texten der islamischen Tradition (wie Avicennas *Die Heilung* oder Mullâ Sadrâs *Die vier Reisen*) zu finden und sie in interpretatorische Kontexte zu stellen, die zuvor nicht gesehen worden waren (Metaphysik versus Transzendentalphilosophie; Ethik/Politik versus Moralphilosophie usw.).

Eine dritte, wieder andere Perspektive ergibt sich aus den Überlegungen, die uns im umfangreichen Œuvre von Mohammed Arkoun (1928–2010) begegnen. Arkoun stammte aus Algerien, aber er wirkte in Paris und war in den intellektuellen Strömungen der französischen «Postmoderne» beheimatet. Das veranlasste ihn dazu, gegenüber allen hier zur Rede stehenden Denktraditionen – den islamischen wie den europäischen – eine «dekonstruktivistische, kritische und analytische Haltung» einzunehmen. Sie führte ihn zunächst zu einer scharfen Kritik: Ihr zufolge konzentriert sich das islamische Denken nahezu ausschließlich auf die Apologie, während das westliche einseitig «logozentrisch» ist. Außerdem haben sich beide Diskursformationen seit langem als verführbar erwiesen und werden politisch instrumentalisiert. Trotzdem möchte Arkoun nicht bei der dekonstruktivistischen Analyse stehen bleiben. Sein Ziel besteht vielmehr darin, eine neue Rationalität zu entwickeln. Sie soll in der Lage sein, mehrere Aspekte des Denkens (einschließlich des allseits vernachlässigten Imaginären) zu berücksichtigen und die religiöse Vernunft wieder mit der philosophischen Vernunft zu verbinden. Das klingt zunächst wie ein Postulat, aber es wird – wenn Arkoun dieses Postulat auf die Geschichte der islamischen Philosophie anwendet – zu einem hermeneutischen Werkzeug. Denn er versteht unter «Philosophie» in der islamischen Welt (seit ihren Anfängen) keine klar bestimmbare Tradition der rationalen Selbstvergewisserung, sondern eine «pensée islamique», die Elemente des theologischen Denkens, des religiösen Deutens und Auslegens (d.h. der Koranexegese) sowie des Mythos einschließt.

Dieser Ansatz sowie die Interpretationsmodelle anderer hier genannter oder nicht genannter zeitgenössischer Denker lassen das Bemühen erkennen, die Besonderheiten der islamischen Rationalität auszuloten und hervorzuheben. Damit stellen sie sich bewusst gegen Betrachtungsweisen, die aus einer eurozentrischen Perspektive bzw. mit dem Anspruch einer hegemonialen westlichen Vernunft vorgetragen worden sind. Die Betonung der Eigenheit islamischer Intellektualität hat jedoch einen Preis: Sie läuft Gefahr, die Einheit des Vernunftbegriffs und dessen Bindung an das Subjekt aufzugeben und stattdessen mehrere kulturell bedingte und kollektiv verortete (parallel existierende) Vernunftformen anzunehmen. Diese Tendenz lässt sich bei zahlreichen Autoren der Gegenwart feststellen. Deswegen sind in der islamischen Welt auch Stimmen laut geworden, die explizit für die Universalität der Vernunft und deren Bindung an das Individuum eintreten.

Beides sei hier abschließend kurz belegt. Ein entschiedener Verteidiger der Universalität der Vernunft ist der syrische Philosoph Sâdiq al-ʿAzm (geb. 1934). Er wurde Ende der 1960er Jahre mit einem Mal berühmt, als er nach dem Sechstagekrieg, der von vielen Arabern als Katastrophe und als grundsätzliche Infragestellung empfunden wurde, zunächst die Schrift *Selbstkritik nach der Niederlage* und wenig später das noch wichtigere Buch *Kritik des religiösen Denkens* veröffentlichte. Darin wie auch in späteren Werken plädiert ʿAzm vehement dafür, die theoretische und praktische Vernunft als ein unteilbares Gut zu betrachten, an dem alle Menschen partizipieren. Demgegenüber könne das religiös motivierte Denken immer nur Teilaspekte von Rationalität verwirklichen, da es jeweils mit anderen (islamischen, christlichen usw.) Wahrheitsansprüchen behaftet und an verschiedene gesellschaftliche Interessen geknüpft sei. Trotzdem verhindert die Religion laut ʿAzm nicht die Selbstaufklärung der Vernunft, zumindest nicht aus historischer Perspektive. Das zeigt sich auch bei der Frage nach dem «säkularen Humanismus», der für ihn ein universales Ziel darstellt. Er ist «dogmatisch gesehen» mit dem Islam – wie auch mit dem Christentum – unvereinbar, aber er kann «historisch gesehen» sehr wohl mit dem Islam vereinbart werden – wie es ja auch mit dem Christentum geschehen ist.

Ein eindrücklicher Anwalt des Subjekts ist schließlich der 1930 geborene Syrer Adonis (Pseudonym für ʿAlî Ahmad Saʿîd).

Er wurde als Dichter bekannt, ist aber auch Autor zahlreicher philosophischer Essays, die ihn zu einer wichtigen Stimme in der gegenwärtigen Debatte gemacht haben. Für Adonis gibt es keine überzeitliche islamische bzw. arabische Kultur, sondern nur bestimmbare historische Phänomene. Ihre Besonderheit soll im Fall der islamischen bzw. arabischen Geschichte darin bestehen, dass sie allenthalben zum «Verlust des Selbst» geführt habe, an dessen Stelle das Phantom einer kollektiven Identität getreten sei. Dem gelte es entgegenzuwirken durch einen ständigen «Neuentwurf des Ich». Er wird für Adonis geradezu ein Ausweis von Rationalität und Moderne. Allerdings meint er, die so bestimmte Modernität auch schon bei früheren Dichtern und Philosophen feststellen zu können. Ein Beispiel ist für ihn Abû Bakr ar-Râzî, der unkonventionelle Denker des frühen 10. Jahrhunderts (vgl. oben S. 22–28) – was auf stupende Weise belegt, dass auch ein Philosoph, der über Jahrhunderte hinweg marginalisiert wurde, unter veränderten kulturellen und gesellschaftlichen Rahmenbedingungen wieder an Relevanz gewinnen kann.

Zeittafel

Die Zeittafel nennt einige Denker (sowie einzelne ihrer Werke), denen nach unserem heutigen Kenntnisstand eine wichtige Rolle in der Geschichte der Philosophie in der islamischen Welt zukommt.

8. Jh. Beginn der griechisch-arabischen Übersetzungsbewegung um 750

9. Jh. Abû Yûsuf al-Kindî (gest. um 865)
Über die Erste Philosophie (*Fî l-Falsafa al-ûlâ*)
Über den Intellekt (*Fî l-ʿAql*)

10. Jh. Abû Bakr ar-Râzî (gest. 925)
Abû Nasr al-Fârâbî (gest. 950)
Die Prinzipien der Ansichten der Bürger eines vorzüglichen Gemeinwesens (*Mabâdiʾ ârâʾ ahl al-madîna al-fâdila*)
Die Partikeln (*al-Hurûf*)
Lautere Brüder (von Basra) (zweite Hälfte des 10. Jhs.)
Die Schriften der Lauteren Brüder (*Rasâʾil Ikhwân as-Safâʾ*)

11. Jh. Miskawaih (gest. 1030)
Die Läuterung des Charakters (*Tahdhîb al-akhlâq*)
Avicenna (gest. 1037)
Die Heilung (*asch-Schifâʾ*)
Die Hinweise und Mahnungen (*al-Ischârât wa-t-tanbîhât*)

12. Jh. Abû Hâmid al-Ghazâlî (gest. 1111)
Die Inkohärenz der Philosophen (*Tahâfut al-falâsifa*)
Ibn Bâdjdja (gest. 1139)
Die Lebensführung des Einsamen (*Tadbîr al-mutawahhid*)
Ibn Tufail (gest. 1185)
Der Lebende, Sohn des Wachenden (*Haiy ibn Yaqzân*)
Suhrawardî (gest. 1191)
Die Philosophie der Erleuchtung (*Hikmat al-ischrâq*)
Averroes (gest. 1198)
Die Inkohärenz der Inkohärenz (*Tahâfut at-tahâfut*)
Großer Kommentar zur «Metaphysik» (des Aristoteles) (*Tafsîr Mâ baʿd at-tabîʿa*)

13. Jh. Fakhraddîn ar-Râzî (gest. 1210)
Kommentar zu «Die Hinweise und Mahnungen» (von Avicenna) (*Scharh al-Ischârât wa-t-tanbîhât*)
Eroberung von Bagdad durch die Mongolen (1258)
Athîraddîn al-Abharî (gest. ca. 1265)
Die Einführung in die Logik (*al-Îsâghûdjî fî l-mantiq*)
Die Anleitung durch die Philosophie (*Hidâyat al-hikma*)
Nasîraddîn at-Tûsî (gest. 1274)
Die Ethik Nâsirs (*Akhlâq-i Nâsirî*)
Die Lösung der Probleme der «Hinweise» (von Avicenna) (*Hall muschkilât al-Ischârât*)
Nadjmaddîn al-Kâtibî (gest. 1277)
Die Grundlagen der Logik für Schamsaddîn (*ar-Risâla asch-Schamsîya fî l-qawâʿid al-mantiqîya*)
Die Weisheit hinsichtlich der wesentlichen Grundlagen (*Hikmat ʿain al-qawâʿid*)
Schamsaddîn al-Urmawî (gest. 1283)
Die Erscheinungsorte der Lichter (*Matâliʿ al-anwâr*)
Ibn Kammûna (gest. 1284)
Schamsaddîn asch-Schahrazûrî (gest. 1288)

14. Jh. Badraddîn at-Tustârî (gest. 1307)
Die Schiedsverhandlungen (zwischen den Ischârât-Kommentaren von Fakhraddîn ar-Râzî und Nasîraddîn at-Tûsî) (*al-Muhâkamât*)
Qutbaddîn asch-Schîrâzî (gest. 1311)
ʿAdudaddîn al-Îdjî (gest. 1355)
Qutbaddîn at-Tahtânî (gest. 1364)
Die Schiedsverhandlungen (zwischen den Ischârât-Kommentaren von Fakhraddîn ar-Râzî und Nasîraddîn at-Tûsî) (*al-Muhâkamât*)
Saʿdaddîn at-Taftâzânî (gest. 1390)

15. Jh. Ibn Khaldûn (gest. 1406)
asch-Scharîf al-Djurdjânî (gest. 1413)
Eroberung von Konstantinopel durch die Osmanen (1453)
ʿAlâʾaddîn at-Tûsî (gest. 1482)
Der Schatz (hinsichtlich der Kontroverse zwischen al-Ghazâlî und Averroes) (*adh-Dhakhîra*)
Khodjazâde (gest. 1488)
Die Inkohärenz der Philosophen (hinsichtlich der Kontroverse zwischen al-Ghazâlî und Averroes) (*Tahâfut al-falâsifa*)
Sadraddîn Muhammad ad-Daschtakî (gest. 1497)

16. Jh.	Ibn Abî Djumhûr al-Ahsâ'î (gest. 1501) Djalâladdîn ad-Dawânî (gest. 1502) *Die Ethik Djalâls* (*Akhlâq-i Djalâlî*) Schamsaddîn Muhammad al-Khafrî (gest. 1535) Nadjmaddîn Muhammad an-Nairîzî (gest. nach 1536) Ghiyâthaddîn Mansûr ad-Daschtakî (gest. 1542)
17. Jh.	Mîr Dâmâd (gest. 1630) Mullâ Sadrâ (gest. 1640) *Die vier Reisen* (*al-Asfâr al-arba'a*) 'Abdarrazzâq Lâhîdjî (gest. 1661) Muhsin Faiz Kâschânî (gest. 1680) Qâdî Sa'îd Qummî (gest. 1691)
18. Jh.	Ismâ'îl Gelenbevî (1791) *Der Beweis in der Wissenschaft vom Kriterium (des Denkens)* (*al-Burhân fî 'ilm al-mîzân*) Invasion und Besetzung Ägyptens durch die Franzosen (1798–1801)
19. Jh.	Mullâ 'Alî Nûrî (gest. 1831) Ibrâhîm al-Bâdjûrî (gest. 1860) Auslegung von «*Die vier Reisen*» (von Mullâ Sadrâ) durch Mullâ Hâdî Sabzawârî (gest. 1872) Beginnende Rezeption der europäischen Philosophie; Anfang der Diskussionen über die historische Stellung des Islams, seine Rationalität und sein Verhältnis zur Moderne (z. B. Saiyid Ahmad Khan, Djamâladdîn al-Afghânî, Muhammad 'Abduh)
20. Jh.	Philosophie inkl. Philosophiegeschichte wird zu einem akademischen Fach (erster Lehrstuhlinhaber in Ägypten ab 1927: Mustafâ 'Abdarrâziq) Zahlreiche Übersetzungen europäischer Werke; Rezeption philosophischer Strömungen und Thesen; Teilnahme an den allgemeinen philosophischen Diskursen der Gegenwart Ab der Jahrhundertmitte und insbesondere nach 1967 verstärkte Auseinandersetzung mit dem eigenen philosophischen Erbe; Debatten über Identität, Authentizität, Moderne, islamische versus universale Vernunft usw. (z. B. Mohammed Arkoun, Muhammad al-Djâbirî, Hâ'erî Yazdî, Adonis, Sâdiq al-'Azm, aber auch viele andere Autoren)

Literaturhinweise

Allgemein:

Daiber, Hans: *Bibliography of Islamic Philosophy,* 3 Bde., Leiden 1999–2007.

Adamson, Peter/Taylor, Richard C. (Hgg.): *The Cambridge Companion to Arabic Philosophy,* Cambridge 2005.

Rudolph, Ulrich (Hg.): *Grundriss der Geschichte der Philosophie. Philosophie in der islamischen Welt 1: 8.–10. Jahrhundert,* Basel 2012 (engl. Übersetzung Leiden 2017).

Zu Kapitel 1:

Gutas, Dimitri: *Greek Thought, Arabic Culture,* London 1998.

Goulet, Richard/Rudolph, Ulrich (Hgg.): *Entre Orient et Occident. La philosophie et la science gréco-romaines dans le monde arabe,* Vandœuvres-Genève 2011.

Zu Kapitel 2:

Ivry, Alfred (Übers.): *Al-Kindi's Metaphysics,* Albany 1974.

Jolivet, Jean/Rashed, Rushdi (Übers.): *Œuvres philosophiques et scientifiques d'al-Kindī. Volume II. Métaphysique et Cosmologie,* Leiden 1998.

Adamson, Peter: *Al-Kindī,* Oxford 2007.

Zu Kapitel 3:

Stroumsa, Sarah: *Freethinkers of Medieval Islam,* Leiden 1999.

Brague, Rémi (Übers.): *Muhammad Ibn Zakariyyâ al-Razi (Rhazès). La Médecine spirituelle,* Paris 2003.

Zu Kapitel 4:

Walzer, Richard (Übers.): *Al-Farabi on the Perfect State,* Oxford 1985.

Lameer, Joep: *Al-Fārābī and Aristotelian Syllogistics,* Leiden 1994.

Fakhry, Majid: *Al-Fārābi, Founder of Islamic Neoplatonism. His Life, Works and Influence,* Oxford 2002.

Vallat, Philippe: *Farabi et l'École d'Alexandrie. Des prémisses de la connaissance à la philosophie politique,* Paris 2004.

Adamson, Peter (Hg.): *In the Age of al-Fārābī. Arabic Philosophy in the Fourth/Tenth Century,* London 2008.

Ferrari, Cleophea (Übers.): *Abū Naṣr al-Fārābī. Die Prinzipien der Ansichten der Bewohner der vortrefflichen Stadt. Mabādi' ārā' ahl al-madīna al-fāḍila,* Stuttgart 2009.

Zu Kapitel 5:
Diwald, Susanne: *Arabische Philosophie und Wissenschaft in der Enzyklopädie,* Wiesbaden 1975.
Kraemer, Joel: *Philosophy in the Renaissance of Islam. Abū Sulaymān al-Sijistānī and his circle,* Leiden 1986.
De Smet, Daniel: *La quiétude de l'intellect. Néoplatonisme et gnose ismaélienne dans l'œuvre de Ḥamîd ad-Dîn al-Kirmânî,* Leuven 1995.
Wakelnig, Elvira: *Feder, Tafel, Mensch. Al-ʿĀmirīs* Kitāb al-Fuṣūl fī l-Maʿālim al-ilāhīya *und die arabische Proklos-Rezeption im 10. Jh.,* Leiden 2006.

Zu Kapitel 6:
Gutas, Dimitri: *Avicenna and the Aristotelian Tradition,* Leiden 1988.
Strohmaier, Gotthard: *Avicenna,* München 1999.
Wisnovsky, Robert: *Avicenna's Metaphysics in Context,* London 2003.
Marmura, Michael E. (Übers.): *Avicenna. The Metaphysics of* The Healing, Provo 2005.
Bertolacci, Amos: *The Reception of Aristotle's* Metaphysics *in Avicenna's* Kitāb al-Šifāʾ. *A Milestone of Western Metaphysical Thought,* Leiden 2006.

Zu Kapitel 7:
Frank, Richard M.: *Al-Ghazālī and the Ashʿarite School,* Durham 1994.
Marmura, Michael E. (Übers.): *Al-Ghazālī. The Incoherence of the Philosophers,* Provo 2000.
Griffel, Frank: *Al-Ghazālī's Philosophical Theology,* Oxford 2009.

Zu Kapitel 8:
Lettinck, Paul: *Aristotle's Physics and its Reception in the Arabic World,* Leiden 1994.

Zu Kapitel 9:
Conrad, Lawrence I. (Hg.): *The World of Ibn Ṭufayl,* Leiden 1996.
Schaerer, Patric (Übers.): *Abū Bakr Ibn Ṭufail. Der Philosoph als Autodidakt: Ḥayy ibn Yaqẓān,* Hamburg 2004.

Zu Kapitel 10:
Leaman, Oliver: *Averroes and his Philosophy,* Oxford 1988.
Urvoy, Dominique: *Ibn Rushd (Averroes),* London 1991.
Endress, Gerhard/Aertsen, Jan A. (Hgg.): *Averroes and the Aristotelian Tradition,* Leiden 1999.
Wirmer, David (Übers.): *Averroes. Über den Intellekt. Arabisch-Lateinisch-Deutsch,* Freiburg i. Br. 2008.
Glasner, Ruth: *Averroes' Physics. A Turning Point in Medieval Natural Philosophy,* Oxford 2009.

Schupp, Franz (Übers.): *Averroes. Die entscheidende Abhandlung und die Urteilsfällung über das Verhältnis von Gesetz und Philosophie*, Hamburg 2009.

Griffel, Frank (Übers.): *Muḥammad ibn Aḥmad Ibn Rushd. Maßgebliche Abhandlung. Faṣl al-maqāl*, Berlin 2010.

Schaerer, Patric (Übers.): *Averroes (Ibn Rushd). Die entscheidende Abhandlung oder die Bestimmung des Zusammenhangs zwischen religiösem Gesetz und Philosophie. Zusatz. Die Untersuchung über die Methoden der Beweise im Rahmen der religiösen Glaubenssätze*, Stuttgart 2010.

Adamson, Peter (Hg.): *In the Age of Averroes. Arabic Philosophy in the Sixth/Twelfth century*, London 2011.

Zu Kapitel 11:

Ziai, Hossein: *Knowledge and Illumination. A Study of Suhrawardī's Ḥikmat al-Ishrāq*, Atlanta 1990.

Aminrazavi, Mehdi: *Suhrawardi and the School of Illumination,* Curzon 1997.

Walbridge, John/Ziai, Hossein (Übers.): *Suhrawardī. The Philosophy of Illumination,* Provo 1999.

Sinai, Nicolai (Übers.): *Shihāb al-Dīn al-Suhrawardī. Philosophie der Erleuchtung. Ḥikmat al-ishrāq*, Berlin 2011.

Zu Kapitel 12:

Hallaq, Wael B.: *Ibn Taymiyya against the Greek Logicians,* Oxford 1993.

Chittick, William: *Imaginal Worlds. Ibn al-ʿArabī and the Problem of Religious Diversity,* Albany 1994.

Street, Tony: «Arabic Logic», in: Gabbay, Dov/Woods, John (Hgg.), *The Handbook of the History and Philosophy of Logic*, Vol. I: *Greek, Arabic and Indian Logic,* Amsterdam 2004, S. 523–596.

Shihadeh, Ayman: *The Teleological Ethics of Fakhr al-Dīn al-Rāzī,* Leiden 2006.

Zu Kapitel 13:

Pourjavady, Nasrollah/Vesel, Živa (Hgg.): *Naṣīr al-Dīn Ṭūsī: philosophe et savant du XIIIe siècle,* Teheran 2000.

Schmidtke, Sabine: *Theologie, Philosophie und Mystik im zwölferschiitischen Islam des 9./15. Jahrhunderts. Die Gedankenwelten des Ibn Abī Ǧumhūr al-Aḥsāʾī*, Leiden 2000.

Pourjavady, Reza/Schmidtke, Sabine: *A Jewish Philosopher of Baghdad. ʿIzz al-Daula Ibn Kammūna (d. 683/1284) and His Writings,* Leiden 2006.

El-Rouayheb, Khaled: *Relational Syllogisms and the History of Arabic Logic*, Leiden 2010.

El-Rouayheb, Khaled: *Islamic Intellectual History in the Seventeenth Cen-*

tury. Scholarly Currents in the Ottoman Empire and the Maghreb, New York 2015.

Zu Kapitel 14:

Rahman, Fazlur: *The Philosophy of Mullā Ṣadrā*, Albany 1975.
Bagher-Talgharizadeh, Sayed M.: *Die Risāla fī l-ḥudūṯ (Die Abhandlung über die Entstehung) von Ṣadr ad-Dīn Muḥammad Ibn Ibrāhīm aš-Šīrāzī (1572–1640). Mit Übersetzung und Erläuterung*, Berlin 2000.
Chittick, William C. (Übers.): *Mullā Ṣadrā. The Elixir of the Gnostics*, Provo 2003.
Rizvi, Sajjad H.: *Mullā Ṣadrā and Metaphysics. Modulation of being*, London/New York 2009.
Pourjavady, Reza: *Philosophy in Early Safavid Iran. Najm al-Dīn Maḥmūd al-Nayrīzī and His Writings*, Leiden 2011.
Saatchian, Firouzeh: *Gottes Wesen – Gottes Wirken. Ontologie und Kosmologie im Denken von Šams-al-Dīn Muḥammad al-Ḫafrī (gest. 942/1535). Eine philosophische Analyse nach seinen Schriften al-Risāla fī iṯbāt wāǧib al-wuǧūd bi-l-ḏāt wa-ṣifātihī und al-Risāla fī l-ilāhiyyāt*, Berlin 2011.

Zu Kapitel 15:

Arkoun, Mohammed: *Essais sur la pensée islamique*, Paris 1977.
Arkoun, Mohammed: *Pour une critique de la raison islamique*, Paris 1984.
Hā'erī Yazdī, Mehdī: *The Principle of Epistemology in Islamic Philosophy. Knowledge by Presence*, New York 1992.
Al-Azm, Sadik J.: *Unbehagen in der Moderne. Aufklärung im Islam*, Frankfurt 1993.
von Kügelgen, Anke: *Averroes und die arabische Moderne. Ansätze zu einer Neubegründung des Rationalismus im Islam*, Leiden 1994.
Heller, Erdmute/Mosbahi, Hassouna (Hgg.): *Islam – Demokratie – Moderne. Aktuelle Antworten arabischer Denker*, München 1998 (u.a. mit zwei Beiträgen von Adonis).
Hajatpour, Reza: *Iranische Geistlichkeit zwischen Utopie und Realismus. Zum Diskurs über Herrschafts- und Staatsdenken im 20. Jahrhundert*, Wiesbaden 2002.
Hendrich, Geert: *Islam und Aufklärung. Der Modernediskurs in der arabischen Philosophie*, Darmstadt 2004.
Günther, Ursula: *Mohammed Arkoun. Ein moderner Kritiker der islamischen Vernunft*, Würzburg 2004.
Al-Azm, Sadik J.: *Islam und säkularer Humanismus*, Tübingen 2005.
Al-Ǧābirī, Muḥammad (al-Djâbirî, Muhammad): *Kritik der arabischen Vernunft. Die Einführung*, Berlin 2009 (Auswahlübersetzung aus dem Französischen).
Dhouib, Sarhan (Hg.): *Arabisch-islamische Philosophie der Gegenwart = Concordia. Internationale Zeitschrift für Philosophie* 59 (2011).

Personenregister

Werkregister